天津旧事丛书

天津老游戏

由国庆 著

天津出版传媒集团

天津人民出版社

图书在版编目(CIP)数据

天津老游戏 / 由国庆著. –天津：
天津人民出版社, 2017.6
(天津旧事丛书)
ISBN 978-7-201-11654-9

Ⅰ. ①天… Ⅱ. ①由… Ⅲ. ①游戏–介绍–天津
Ⅳ. ①G898

中国版本图书馆 CIP 数据核字(2017)第 082615 号

天津老游戏
TIANJIN LAOYOUXI
由国庆 著

出　　版　天津人民出版社
出 版 人　黄沛
地　　址　天津市和平区西康路 35 号康岳大厦
邮政编码　300051
邮购电话　(022)23332469
网　　址　http://www.tjrmcbs.com
电子信箱　tjrmcbs@126.com

责任编辑　韩玉霞
装帧设计　陈栋玲　徐　洁

印　　刷　高教社(天津)印务有限公司
经　　销　新华书店
开　　本　787 毫米×1092 毫米　1/16
印　　张　17
插　　页　2
字　　数　350 千字
版次印次　2017 年 6 月第 1 版　2017 年 6 月第 1 次印刷
定　　价　78.00

写在前面的话

　　这本书的部分内容源自我与漫画家田恒玉先生在《中老年时报》上开设的专栏。专栏的形式为一文一图，轻松活泼，深受读者欢迎。源自民间的老游戏，有很多难以写进正史文献，所以在整理和挖掘过程中发现，可供查考的资料相对较少，需要在"细枝末节"中去发现。为了老游戏这个选题，我做了相当多的功课。我生于 20 世纪 60 年代末，算得上是在"摸爬滚打、上蹿下跳、嘻嘻哈哈"中玩大的，可谓"接地气"的一代。书中所列大部分游戏，我们都曾玩过，如此搜肠刮肚回忆出的内容，加之民间采访、田野调查，乃至钻研有关中外儿童教育的理论等，我几乎达到了殚精竭虑的状态，其目的只有一个——让笔下的文字更真实更鲜活更有滋味，离读者近些再近些。

　　在撰写专栏与本书的日子里，我一直在思考一个问题，到底什么是老游戏？"阳春白雪"的教科书里没有标准答案，"下里巴人"的民俗资料中也难寻统一说法。但这并不妨碍我的思考,慢慢的我发现,乡土的、具有广泛民众基础的老游戏大多取材简单、廉价,甚至无须分文,重要的是,它们成为已经消逝或正在消逝的闲情活动。此乃共同特征。

民间游戏肇始于何时?一般认为,现代人玩的抽陀螺,其原型抽冰猴儿早在汉代就有流行。随着造纸术的发明,汉代出现了以竹篾扎制骨架、用纸张糊制的风筝雏形,堪称世界上最早的人造飞行器。唐代以来,因风筝以鸟形样式居多,放飞时双翼不动,好像鸢鹰展翅翱翔的样子,故得"纸鸢"之名。到了五代,人们常把小竹笛安装在纸鸢上,当其飞到空中,风吹笛响,声似筝鸣,因此称之为"风筝"。

言及风筝,天津素来是我国著名的风筝产地之一,清末民初之际就涌现出一批能工巧匠,比如张七把、老金记、帘子李、风筝魏等。天津风筝融会南北技艺与风格,具有浓厚的地域文化特色,以结构科学、做工精细、造型生动、色调明快而著称,放飞效果远近俱佳,深受人们喜爱。每逢春秋两季,老天津繁华闹市有不少风筝摊,摊主边放边卖,物美价廉。清代诗人樊彬在《津门小令》中道:"津门好,薄技细搜求。烟管雕成罗汉笑,风筝放出美人游。花样巧工留。"周宝善在《津门竹枝词》中曰:"书生结缑已残年,手挽红绳放纸鸢。一片筝弦风送响,蒲方拽满在遥天。"老游戏,让天津人玩得不亦乐乎。

这里还要说到经典老游戏——捉迷藏。在宫中，它曾得唐明皇、杨贵妃喜欢，玩耍情状被记录在《致虚阁杂俎》中。唐代诗人元稹在诗中曾描写过他与崔莺莺在晚间玩捉迷藏的情景。五代时，花蕊夫人在《宫词》中也有"内人深夜学迷藏，绕遍花丛水岸旁"的记载。宋代司马光砸缸的故事，更反映出捉迷藏游戏的盛行。明人沈榜的《宛署杂记》、清人褚人获的《坚瓠集》里，均有小孩子玩捉迷藏的细节描述。

不仅如此，荡秋千、打压板等游戏，在唐宋时期各阶层人们的生活中迅速流行开来，与放风筝一道成为人们最喜爱的消闲娱乐活动。清代，各种民间游戏蓬勃发展，如今偶有所见的一些游戏即旧年遗风，比如颇具代表性的官兵捉强盗(官兵拿贼)、老鹰捉小鸡等。

民国时期的孩童玩烟画(香烟牌子)、弹球、跳山羊、搭积木、玩七巧板等，其中不少游戏现在得以传承。

新中国成立之初，百废待兴，物质生活匮乏，但这阻挡不了少年儿童与生俱来的玩心，孩子们更学会了因陋就简、因地制宜开展游戏，寻找乐趣。一截麦秆儿，不一会儿就能扎出个小马驹；几枝柳条，说说笑笑的空儿，一个"战斗帽"就编好了；一段线绳，在小姑娘手里也能翻出花样来……孩子们利用一切看似平常的东西创造出无比有趣的游戏,陶醉其间,身心得到成长。

20 世纪 60 年代,跳皮筋、找朋友、丢手绢等游戏被大家熟知和喜爱,同时融入了鲜明的时代特征。值得注意的是,角色扮演形式广泛出现在游戏中,领袖、军警、侠客、神话人物等角色不胜枚举。相形之下,孩子们也搜尽闲置杂物,鼓捣出枪支刀剑等武器玩具,或简或繁,或糙或精,游戏中总充满欢乐。

就个人而言,我疯玩在 70 年代。那似乎是一段少儿"大竞技"的岁月。弹玻璃球、扇方宝、逮木柴、砸杏核、推铁环、挑火柴棍等,只要有娴熟的技艺与丰富的想象力,竞技游戏可随时随地展开。

旧日里,天津有不少家庭为了做饭一天要点两次煤炉(熄火是为省煤),引火需要废纸,如此这般,小孩子赢获的纸方宝拆开后是可贴补家用的。我最爱玩扇方宝,曾因长时间用力过猛导致腋下水肿。妈妈不明内情,带我到医院诊察,被大夫一眼识破,我险些挨揍。更有甚者,不知是哪个孩子"发明"了一样玩法:找个大铁钉,在离钉帽两三厘米的位置上套个螺丝母,然后摆在铁轨上,火车一过就压成小宝剑了。我们一帮一伙不怕路远跑到郊外,接连不断地去"打造"宝剑,回到胡同用它玩剜地、剜胶泥。我的左手腕曾被宝剑深深剜伤过,疤痕残留至今。现在想,当时确实有点淘出圈了,理应检讨。最危险的是五六岁那年冬天,小

4

伙伴们玩砸娃娃(又叫砸砖头、砸皇帝),有一次我真当上了"皇帝",头被砸破出血。怪只怪有的孩子着急心切,还没等我在场中摆好砖头站起身,他的砖头就飞了过来,正打中我的头。还要说到上小学时的体育课,我在跳"鞍马"时右臂骨折,起因是我跃起欲撑"马背"的瞬间,充当"小马"的同学却意外闪开了。伤愈后我虽然还玩跳马,但经常跳不过去,似乎是心病作祟。

就这样,在磕磕绊绊、遍体鳞伤的淘气日子里,我长大了,我们那一代都成人了。

改革开放为80年代的游戏带来前所未有的飞跃,电子化显示终端游戏来了,比如通过"小霸王"游戏机来玩超级玛丽、街霸、拳王、魂斗罗等,让青少年如痴如醉,深夜裹着棉被对着电视发狂的不乏其人。90年代,随着电脑普及,单机游戏成为小小孩、老小孩的重要娱乐活动,或难或易,或静或动,人们各取所需,趋之若鹜。这时候,我国也出现了真正的"玩家"一族。如今,网络游戏迅速发展,相形之下,旧时代的老游戏很快被遗忘,悄然间步入了令人怀旧的境地……

记得多年前,我的孩子在海边沙滩上无师自通地挖了几个陷阱,我童心未泯,迫不及待地踏了上去,身陷快乐之中……自己想到了有必要写写老游戏,与读者朋友聊聊老天津孩子们玩过啥,享受过怎样的快乐,接下来也就有了报纸上的专栏,有了这本书。

　　关于游戏的分类,学界、民间素有不同说法,各有道理,莫衷一是,比如分为体力型、智力型、竞技型、团体型、观赏型等几大类,也有的分为身体对抗类、运动对抗类、运动竞技类、脑力对抗类、物品对抗类、物品赚亏类、休闲类、自娱自乐类,等等。在国外,早期的传统游戏理论也是众说纷纭,如精神分析学派理论、皮亚杰认知发展理论、苏联活动游戏理论,以及游戏激活理论、游戏交际(萌芽)理论等,且每个学派都有代表人物。若按教科书上的理论来框定本书中所写的土生土长、原汁原味的"草根"游戏似乎不太适合,因此在书中,经过综合考量与谨慎梳理,并结合孩童游戏与通俗阅读的特点,我将众多游戏大致分为七大类,如重在力量与技巧的游戏、重在动脑益智的游戏、四季特征比较明显的游戏、促进心灵手巧的游戏、幼儿喜欢的游戏、男孩子更爱玩的"专属"游戏,以及传统游戏与玩具等。

　　在这些章目下,我们回眸的老游戏达二百多样,比如,掰腕子、摔跤、立大顶、挤擞擞垛、跳房子、推铁环、扇方宝、翻绳、玩虫养蚕、打水仗、捕蜻蜓、逮蚂蚱、拔老根儿、蒙眼画大脸、手腕上画手表、画幻灯片、放飞竹蜻蜓、叠纸船、扣泥模子、过家家、点牛眼唱童谣、老鹰捉小鸡、蒙面猜过会、玩打仗、官兵拿贼、玩耍红缨枪、撞拐、玩毛号儿、天下太平、骑竹马、击鼓传花、走浪桥等,相信会唤起您对孩提时代的美好回忆。

也许有人会问，老游戏对少年一代的成长到底有何意义呢？我们还以捉迷藏为例，第一，其内容轻松活泼，生趣盎然；第二，规则比较简单，可随机变化；第三，参与性强，集体活动需要玩伴之间配合与互动；第四，游戏常在开阔的胡同里、旷地上玩耍，能为孩子们提供较大的自由空间；第五，无须费用。有学者在研究游戏教学时曾例举了心理学家的分析：捉迷藏时藏匿起来不让别人发现，和经历多方寻找终于发现，二者都能引起孩子的快感；它要求小孩子听力与目光要敏锐，奔跑要积极，还要用巧妙方法与策略找到藏匿者，这是对孩子能力的综合考验。加拿大教育家马克斯·范梅南在《儿童的秘密——秘密、隐私和自我的重新认识》中认为，玩捉迷藏时看不到爸爸、妈妈，对孩子来说是一种令人激动的经历。游戏能教给孩子身份和身体之间关系的某些认知，对儿童的自主性、责任感以及处理人际关系的亲密感等不乏影响。如此看来，民间游戏在带给孩子精神愉悦的同时，对促进少年儿童的认知、体能、情感、社会性等方面的发展具有积极的作用。

历史悠久的老游戏是社会生活的组成部分，也是一种丰富多彩的民间文化现象，某个地区的老游戏，会反映出一个地域中人们特有的生活、行为、思维、感情与交流方式。天津卫老游戏又何尝不是呢？许许多多颇具天津特色的游戏,可以让孩子们在娱乐中获得民族文化、天津文化的熏陶,进而加以传承。

岁月总在演进,生活总在发展。当下,老游戏正面临着迅速减少与衰落的趋势,这是不争的事实。我们说,社会生活是游戏产生与存在的土壤,老游戏大多是传统农业社会生活的产物,它的发生、演变、流传与不同时代的实际生活环境密不可分。如今,我们正处在从传统农业社会向现代工业社会过渡的阶段,生活日新月异,大到自然环境,小到衣食住行,乃至人的思维与思想,各个方面都发生了巨大变化,如此,开展老游戏所需的空间、时间、环境等都已不具备或发生了逆转,特别是在城市中。简单地说,老旧的胡同、院落、空地没了,追逐嬉闹的空间没了;单元房消减了传统意义上的邻居概念,孩子的玩伴少了;一味追求分数,学童的课余时间少了;社会复杂了,家长无不看重孩子外出的安全性;网络无处不在,很多孩子成为孤单的"低头族",如此种种,客观存在,老游戏走向衰落,不可避免。但我也注意到,老游戏中的一些元素与形式,近年被嫁接到现代网络游戏或电视娱乐节目中,这也算一种传承吧。

虽然老游戏渐行渐远,可对于曾陶醉其中的中老年人来说,老游戏承载着他们对过往生活的幸福回味。今天的青少年偶尔还会接触到一些老游戏,或者闲来翻翻这本书,该能体会到不一样的、最质朴最本真的乐趣。这时,老游戏好像成为了某种渠道,沟通着人们的心灵;好像是一座桥梁,跨越着不同的年代。这也是我写《天津老游戏》的目的之一吧。如果说,没有游戏的童年难言完美,那么,请还给孩子们一片蓝天吧!他们需要快乐。

由国庆

2016 年 9 月 29 日

目　录

力量与技巧的较量

掰腕子·摔跤

掰 腕 子

稍有些阳刚气的男孩子都与同学玩过掰腕子,这可是爆发力和耐力的较量,特别是在女孩面前,双方两手一握、架势一搭就当真了,非较出个子丑寅卯不可。

掰腕子有规则,双方胳膊肘要在一个平面,另一只手不许扶桌子、按大腿,需悬空,屁股也不可离开椅子,如此才公平。掰手腕的输赢力气大小只是决定因素之一,耐力与腕部的承受力也是关键。掰腕子的游戏,简便易行,有个固定的平面即可。不光是孩子,有时大人们兴致一来,也会比试一番。

摔 跤

争强好胜的男孩子们最爱玩摔跤,追根溯源,是受八旗勇士"善扑营"的影响。摔跤兴于清王宫,盛行于京城,也影响到近在咫尺的天津卫。民国初年,天津的中国式摔跤已著称华北了。比较正规的摔跤竞技性很强,老跤王、小跤手身穿多层棉布缝制的褡裢,系腰带,穿跤靴(软底高勒)。体重相当的对手或比试或游戏,可以抓衣抓带抱全身,但不许揪裤子或击打、掰扭关节处,三点着地者即为失败。

老天津南市、谦德庄、西头一带有许多跤场,热闹非凡。"三不管"跤场还涌现出王茂林、褚少芳、孙登科、王海兆、卜恩富、白宝森等高手。他们技艺精湛,跤风独特,名震一方。20世纪30年代,津门跤坛名将"四大张"——张鸿玉、张魁元、张连生、张鹤年扶危救困、比武获胜的故事很多,曾博得各界的赞誉。

孩子们闲暇时玩摔跤当然重在乐趣,找处软土地沙子坑就可戏耍一番,有时会模仿着大人们倒、闪、拧、揣、挂、盘等动作与技巧,个个跃跃欲试,生龙活虎。

杠子与竿子的玩法

少年天生活泼好动，若是有单杠、双杠、竿子立在那儿，他们会更加兴奋，常常会像猴子一样在其上辗转腾挪，那感觉比体操运动员还带劲。

抬 杠 子

找一处软土地或沙地，三四个孩子抬着一根杠子(竹竿或木棍)，另有一个孩子洋洋得意地坐在杠子上面，男孩子可以装成官老爷吆五喝六，女孩子可以扮作新娘子羞答答。调皮的孩子还能在杠子上玩出体操单杠的一些花样来。抬杠子的孩子也故意东倒西歪摇摇晃晃，争取让杠上的人掉下来，从而让自己尽早坐上去。

攀 杠 子

类似单杠运动的游戏也曾在老天津的青少年以及成年人中盛行。杠子设置与时下大同小异，攀杠子的玩法有上攀、中攀、下攀等。上攀常用双臂或单臂撑倒立，俗称

"顶";中攀好似现在的大回环,曰"车轮";下攀是垂体动作,玩家体态轻盈,或静或动,招式繁多。传统杨柳青年画中有一幅《童戏杠箱官》,几个衙役肩扛手扶一根竹竿,县太爷颤颤巍巍地坐在上面,挺逍遥。画中情景或许就是孩童们攀竿子游戏的升华版。老天津南市、谦德庄、西头等地有不少攀杠子的高手,20 世纪三四十年代的"杠王"费飞飞曾在全国出过大名。

拧 杠 子

拧杠子是锻炼手抓力、腕力的游戏。事先要准备一根粗细适合手握的木棍,比如扫帚把儿、铁锹把儿,乃至擀面杖都可以。两个孩子各用单手牢牢攥住木棍一端,听到"开始"的号令同时向相反的方向使劲拧,双方要尽量长时间保持不让杠子转动,直到有一方坚持不住了,那么对方就胜出了。在实力相当的情况下,哪一方若是掌心出汗了就容易吃亏了。

拉 杠 子

拉杠子也叫拉大锯。玩这个游戏所用的器械也是一根木棍,两个同学相对坐在地上,双腿稍蜷一下,四只脚的脚掌对牢、抵住。二人分别抓木棍,同时用力拉。较量过程中不许弯腿,最后谁将谁拉起,哪怕是屁股离地,就算失败。

玩拉杠子事先要权衡双方的腿、手臂的长短,腿长或手短往往不占上风。

爬 竿 子

民间爬竿用的三五米高的竿子,可以是竹竿、木杆或粗铁杆。爬竿可手攀、脚蹬,可手脚、手肩并用,有能耐的孩子除了正爬,还会倒爬。爬竿也充满竞技,比如竿上标着尺度,孩子一遍遍向上爬,在规定的时间内,看谁爬的趟数多。还可比速度,在竿子顶端系条红布,看谁以最快速度爬到顶端触到标志物。年龄稍大一点儿的少年有了上肢与腰腹力量以及协调能力,在竿上常会做出很多花样造型,动作惊险刺激,好似杂技演员献艺一样。

天津一些农村的大孩子也玩蹬竿,据说静海一带的蹬竿动作造型多达百余种,一人乃至十多个青少年同时在竿上游戏,做出"舞流星""倒香炉"等各种姿态,观者无不叫绝。

舞石锁·在皮条上健身

老版评书《岳飞传》中有道："高宠可不是吹,这小伙子武艺高强,从五六岁就跟母亲练武,弯腰抬腿,拿大顶,学拳脚……他臂力过人,双膀一晃,有千斤的力量,举石礅石锁,十八般兵器,无一不精。"举石锁、石担、石鼎等重物,集力量、技巧、健身于一体,历来为天津人喜爱,在民国时期还成为一些运动会的竞赛项目。新中国成立后,虽然举重项目一律改用国际通用的杠铃作为器材,但玩石锁仍在民间流行。

舞 石 锁

舞石锁的棒小伙(天津小站练兵园塑像)

老年间,在天津东浮桥警察厅对面的空场地上聚集着三教九流的人,有摔跤的、练武术的、踢毽子的、驯狗的、玩鸟的,其中举礅子、舞石锁的练家子煞是惹眼。不少青年小伙也爱玩,他们双手各抓住一个石锁的把手,站马步,原地向前做着直拳、冲拳的练习。再来个云手,双手抓住两个石锁,在胸前做类似打太极的动作,真可谓手到眼到。难度较大的是"舞"石锁,身子不动,一手通过甩荡之力把石锁抛向空中,然后用另一只手接住,反反复复,观者叫好不迭。

在 皮 条 上 健 身

老年间在牛皮条上玩的游戏,不是撂地卖艺收银子的节目,而是一项民间传统健身活动。玩家以中青年为主,一些身体壮实的十多岁的孩子见皮条好玩,也跟着跃跃欲试。

将三五根结实的皮条牢固地系在高高的木架(三木支撑)或房梁上,一端下垂将至地面。壮小子出手了,他将皮条紧紧缠在手腕、手臂上,肩臂发力,腿脚轻起,随着皮条在臂上接连缠绕,他腾空而起,但见身体呈一字横向定在了空中。如此精彩亮相赢得了围观者的阵阵掌声。臂上皮条越缠越多,人也越升越高,还不断加做着花式平衡动作……突然间,只见那人一松腕中皮条飞速而下,稳稳落地,迎来一片喝彩。

这项民间游戏很早就进入了杂技团,成为表演项目。另有一种说法,认为体操中的吊环就是这一游戏的演变。皮条游戏中的大多数动作与吊环动作大同小异。

拔河·立大顶·挤摞摞垛

春秋战国时期水上交战使出的"牵钩"之技,即拔河运动的前身。到了唐宋之际已成为兼具娱乐性质的体育活动,盛行民间。天津地处九河下梢,内河航运素来发达,逆水行船需要拉纤;天津历来是兵家必争之地,军兵操练也需"牵钩"健体,所以拔河游戏在津沽大地颇具渊源与基础。清末,这项运动已列入天津新式学堂的体育课中。

拔 河

小孩子玩拔河讲究两拨人数均等。在地上画出界线,麻绳中间系上红布条为标记,两队在界线两侧各执绳索,听令后用力拉绳,以将对方拉过河界为胜。小胖墩儿常常腰系绳头儿拖在队尾,双脚生根,稳定军心。拔河需要同心协力,一起呼号加油,哪个孩子在队中滥竽充数一定会遭到同伴的蔑视。僵持中,有时一方坚持不住泄了气,用力的一方常常全部向后倒去,坐卧在地,虽然摔得屁股疼,但大家依旧欢天喜地,因为他们是赢家。

10

从 1900 年起，拔河被列为奥运比赛项目，至 1920 年安特卫普奥运会为止，曾连续 5 次作为奥运会的正式比赛项目。

立 大 顶

立大顶，天津人俗称"拿大顶"，就是头手倒立。它作为生存技能，摘桃子吃野果的始祖早早练就，到了秦汉时代，倒立、翻筋斗等已被称为"乐舞百戏"，此有出土文物为证。

返璞归真是老游戏的特点之一。几个孩子找一面墙为依靠，不知谁喊了一声"起——"大家便齐刷刷地将身体倒立，笔直地贴靠在墙上，虽然一会儿工夫就有些脸红脖子粗，但谁都不肯示弱，彼此相望，就是硬撑着，比谁倒立的时间长，哪怕多几秒钟也觉得很自豪。这技能也是一点点练出来的，刚开始玩拿大顶的孩子，特别是胆小的，常常需要别人帮助，即帮他翻起来推到墙，但只要用心肯吃苦，进步会很快，不多时日甚至可以仅用单臂撑地参与倒立游戏了，如此厉害的技能定会让玩伴们刮目相看。拿大顶还可以玩"开倒车"。倒立高擎双脚，双手用力向前"走"，比谁"走"的距离长。如果没有速度的限制，开始前行时要求稳，因为重心和气力需要调整一番，有心急的孩子不知就里，没走多远就倒下来了。

若要感受速度与精彩，可玩翻筋斗(俗称"倒毛儿")，正翻,侧翻,令人目不暇接。老游戏的目的性很淡,重在乐趣和参与,孩子们乐在其中,不知深浅,那时的家长也顾不上管孩子,不似现在这么娇生惯养。

挤 摞 摞 垛

挤摞摞垛常被俗称、俗传为"挤罗罗垛"或"挤罗罗豆儿"。天津方言里的"罗罗缸"书面应为"摞摞缸"。挤摞摞垛也叫"挤暖暖",就是三九天里越挤越暖和的意思。寒假的午后,户外的阳光暖洋洋的,一伙孩子找一处比较干净的墙面,背靠墙排成一排,每个人双手抱在自己的胸前,开始边起哄边挤着玩。挤的过程中可用肩扛、靠背倚、使膝顶、抬腿拱,就是不许上手推拉或击打同伴。队伍中的弱小者难免会被挤出队伍,他可以迅速回到排尾继续挤。

挤摞摞垛也可以分为两队玩。先在墙面或地面画一个参照标志,哪一方先挤到标志线就算赢了。这种玩法较为激烈,对抗性强,需团队意识。大家同心协力挤呀挤,一会儿就大汗淋漓了。

与挤摞摞垛类似的还有砸大垛。孩子分两拨,一拨的头一个小孩先朝墙站好,弯腰扶住墙,后边的孩子搂住前一人的腰和小屁股,如此接连形成一溜儿"鞍马"。另一拨孩子一一跳起骑在鞍马的背上,直到鞍马坚持不住而倒塌。孩子们嘻嘻哈哈,连呼带叫,这便是带来快乐与温暖的冬日游戏。

跳绳·跳皮筋·跳房子

跳 绳

跳绳游戏历史悠久,唐代的孩子称之为"透索",宋代的娃娃叫它"跳百索"。古人聪慧,观绳索飞转犹如幻化,"百索"之谓实在生动。

民国初年的时候,跳绳已成为天津中小学生的体育课内容,成为颇受民众喜爱的业余健身活动,经久不衰。跳绳可分单人跳与集体跳,使用短绳或长绳。传统的跳绳为棉线所制,两端有木把手柄,有些重量又耐磨。有的孩子虽然家境拮据,但找来一根旧麻绳也不耽误玩。玩时双手摇绳并轻盈跳过,一定时间内谁跳得多谁优胜。技术熟练就玩出花样了,除了双脚蹦跳还可单腿跳、踏步跳、双摇一跳、8字绳跳等。使用短绳还可以玩双人跳,两人并排,一人用左手,另一人用右手一起摇绳两人同时跳。还有前后双人跳:一人摇绳两人跳。

跳长绳是集体游戏,孩子们排成一队依次跳,所有队员不许触绳。只见人人闪转腾挪,一轮接一轮,在规定时间内比赛哪个队跳过的次数最多。改革开放之初,国家号召跳绳健身,少年们在大小运动会上纷纷一展身手。

跳 皮 筋

"猴皮筋,我会跳,抗美援朝我知道……"

欢快的儿歌伴着不断抬高的皮筋,女孩们欢快不已。若干个细细的胶皮圈串成皮筋,由两个女孩架起拉直,可以玩跳单根的或跳双根的。跳双根皮筋的高度一般从脚踝处开始。女孩随着歌谣的节奏在皮筋上蹦跳,或者通过脚与小腿的点、迈、挑、绕、掏、转、摆、勾、压、踩、踢、甩等动作,编连组合来回"舞动"皮筋,变化多端。一段歌谣唱罢,一节终了,随着下一节开始,皮筋的高度也在增加,直到双臂高举皮筋扣在指尖上(俗称"大举"),跳者甚至要跃起抬腿才能够到,这最能体现女孩的肢体灵巧与协调性,个个如燕子一般轻盈。跳皮筋的过程讲究保持连续性,不得间断磕绊。

跳皮筋盛行于20世纪六七十年代,相随的儿歌童谣曲目丰富,如:"江姐江姐好江姐,你为人民洒热血。叛徒叛徒甫志高,千刀万剐的大草包。"还有"小河流水哗啦啦,我和姐姐摘棉花。姐姐摘了一大篮,我才摘了一小把";"学习英雄好榜样,刘胡兰姐姐不能忘"等等,无不脍炙人口。

跳 房 子

女孩喜欢跳房子游戏，可以是两人或两队姐妹对决。跳房子需要关键的道具——珠珠儿，是用废旧算盘珠、纽扣、橡皮筋之类串成的环状小玩意儿。先在地上画出一个长方形，里面分成 5 至 10 个格(简单的画几条横线即可)，格间写上 1、2、3、4、5,每个格子俗称为一间房子。

跳房子需要单腿蹦跳,人随珠子而动。比如先将珠子扔到 1 格,女孩就要跳到这间房子中,用落地脚踢珠子(珠子不得停在原格)，珠子到达前方的哪个格子就需要她一下子跳到那里。这就要看力度的控制了,珠子踢得太远属于自不量力,因为你很难跳到那里,所以要讲究分寸,但珠子圆滑,向前滚动的距离经常难以控制。更关键的一点,踢出的珠子不可出界或压线,否则为输。最具挑战的是珠子刚过近端的线,却又紧挨着线的位置,珠子与线之间让你连放下一只脚的空儿都没有,逢此只好提口气用脚尖挑珠子了。这也正是女孩展示灵巧的好机会,身轻如燕、蜻蜓点水地一挑,常常会博得喝彩。

跳房子还有其他多种玩法,也有画多格、异形格房子的,编号错落,方法大同小异,但难度增加。

跳门槛·跳山羊·跳麻袋

跳 门 槛

酷似跨栏跑、越障碍跑的跳"门槛"游戏，在天津已有百多年的历史了，三五个乃至十几个孩子可以一起玩，比较热闹。

游戏开始，所有的孩子先站成一路纵队，"锛铰裹"选出 1 人率先"上庄"。庄家横向坐在十几步远的地方，伸出一条腿，当成"门槛"，孩子们依次跑过来从腿上跳过去，然后再依次排好队。第二轮开始，庄家伸出两条腿，一只脚的足跟压在另一只脚的足尖上，如此增加了门槛的高度，孩子们一一跳过。接下来，庄家再将手臂横在腿上，指尖挨着足尖，还可以竖起大拇指来。第四跳时，可再加上另一手臂。门槛越来越高，难度越来越大，高度直到庄家起身，低头弯腰平伸两臂。如若小飞人们全体安全过关，则换另一人上庄，重新开始。假如有人"打栏"碰到门槛就需当庄了，其余的人从头再来。孩子们都很卖力，谁也不愿意因为打

16

栏"搅局"而让同伴们总是从低处无聊地跳起。

跳 山 羊

孩子们喜欢玩跳鞍马、跳山羊,它不仅仅是课余时间胡同里的游戏,就是体育课上也经常需要学生充当鞍马,只因那时条件差,没有那么多器械可供锻炼。一人蹲下或弯腰,双臂撑膝、撑地如山羊、像鞍马,众人轮流跑过来按撑"山羊"的肩、后背,飞身而过。一轮结束,换下一名同学当山羊。

还有一种"过关"的玩法难度较大。几个同学一排站好,

在公园玩跳山羊和滑板车的快乐少年(老商标画局部)

从蹲姿到稍躬身半直立,分别成为高度递增的几个山羊,跳者依次而过,挑战自我。"过关"时常会碰到山羊的头,所以当山羊的孩子也下意识地变成"缩头小龟",如此,高度自然会下降,被同学嘲笑,但若轮到他当山羊也照样会自我保护的。另外,孩子们俗称的跳猴也是类似的玩法。

跳 麻 袋

老年间日子清苦,孩子们玩具相对不多,更没有电子游戏机,但少年们很会发明创造,随便找个什么物件就能玩上一阵,同样开怀,那兴奋劲儿绝不亚于如今的"网络大战"。比如,捡个破麻袋、旧尼龙袋就可以玩玩跳麻袋的游戏。

孩子个子小,口袋大,几个孩子分别站在几个齐胸高矮的大口袋里,用两手紧握口袋口,双脚并拢,准备开始跳。玩这游戏一般事先要设定起跳线,大伙商量一段距离,三五十米皆可。有人喊号:"预备——跳!"孩子们得令,随即迅速从起跳线上出发,奋力向前跳,先达终点者为优胜。跳麻袋也可以在起点与终点各有一组孩子,搞接力赛。

前行中,如被麻袋绊倒了,可以爬起继续跳,但双脚必须始终套在袋子里。游戏中,不得要心眼儿,比如故意撞人,存心阻挡别人前进等,如此这般免不了有一番口角。不遵守游戏规则,自然会被人瞧不起,大家一使眼神儿,还是不带他玩为妙。

下腰劈叉·踢花毽·编花篮儿

〈下〉〈腰〉〈劈〉〈叉〉

老年间的孩子,仨一群俩一伙凑到一起,无论玩啥都能兴致勃勃,常常将体育课上的项目克隆到胡同里,且又有了难度上的新高。比如女孩子爱玩的下腰或劈叉。在身形较笨拙的男孩眼里,下腰其实挺难的。

向前弯腰指尖触地一般人都会做,让人羡慕的是胳膊肘着地,而且还能相互比试谁坚持的时间久。女孩子很愿意展示她们与生俱来的柔韧与

做棍棒操的民国女学生(老香烟牌子)

19

灵巧,时常有人会做出高难度的后下腰动作。身体呈反弓形,双手可捡起东西来,这与科班训练的杂技演员似乎没什么差别。下腰时分开的双脚不得超过肩宽,但个别人玩起来有时就顾不上这些了,尽管双脚距离一再拉大,但身体还免不了扣翻在地,笨拙的姿势自然引来笑声。

双腿平直贴地的劈叉动作分为竖叉和横叉,前者相对容易,有基础的孩子还可上下起落,腰根好像装了弹簧。有些男孩子也跃跃欲试,竟然不知深浅地赛起了劈叉劈开的速度,但只听"刺啦"一声,裤裆撕裂了——他忽略了人家女孩子穿的是花裙子。

踢 花 毽

踢毽子源于汉代,流传至今,老幼皆宜。游戏也好,运动也罢,踢毽在老天津也很盛行,高手名家辈出,如翔翎会社的周占元(主创人)、何玉山、杨子清、邱凤阁、刘焕章、刘世纲等皆身怀绝技,曾闻名全国。

老天津成人毽坛有两大流派。一是单人表演的技巧花毽,其中的"踢碟"堪称绝活,酷似杂技。二是由四人参与的传统"轮子毽",按顺时针依次轮番踢,过程中加入花样技巧,讲究团队默契配合。老玩家们技艺娴熟,或稳健,或轻巧,使出的朝天凳、跳龙门、旋风、明霞串珠、二郎担山等招式实在令人眼花缭乱。

小孩子玩踢毽不仅比谁踢得准踢得多,更重乐趣,有时还会穿插数学练习。比如玩踢 3 的倍数,踢毽时谁触到这个倍数就算输。这多少需要点心理战术,有时有意无意地踢了 8 个,便将 3 的倍数 9 甩给下一人,看他如何应对。有的孩子为了避开某个数字,常常会不顾一切地去救飞出的毽子。边玩数目边增大,数字巧合或反应不及难免会落败。有时,孩子们也以童谣相伴玩踢毽,如《踢毽歌》唱道:"一根毽,咱俩踢,马兰开花二十一。二八二五六,二八二五七……"

编 花 篮 儿

落日余晖映照的胡同里,课间的操场上,随处可见女孩子们在"编花篮儿"。这是四个人玩的游戏,每人抬起一

编花篮雕塑

21

条腿相互搭勾好,组成"花篮",有时花篮上还可以坐个小孩。另外的四条腿一起边蹦跳边转动,有歌谣相伴:"编,编,编花篮儿,花篮儿里面有小孩,小孩的名字叫桂兰儿。蹲下起不来,坐下起不来……"游戏讲究同心协力,如果整个花篮儿散架则需要重新开始。若从谁那里散开就算谁输,要象征性地受罚,唱段歌,背首诗,捏捏鼻子都可以,也可以重罚她"剁菜"。

所谓剁菜也是单脚着地蹦跳,另一条腿的小腿要搭在立地腿的膝盖以上,用一只手托好,酷似男孩玩撞拐的动作。另一只手则侧掌如刀,在盘起的腿上剁,且要边剁边说"剁,剁,剁白菜"之类的话。如此多种动作结合在一起,往往不会坚持太久,一旦双脚触地即为输。

推铁环·逮木柴

推　铁　环

　　老年间的小孩们大多玩过推铁环,因为它曾多年被列为体育课的内容之一,甚至还要通过考试。另外,胡同里的孩子也爱玩砍木柴,有时赢回几块木柴,还能为家里生炉子点火做贡献呢。

　　用钢筋或粗铁丝弯成一个直径尺余的圆环,大环上还

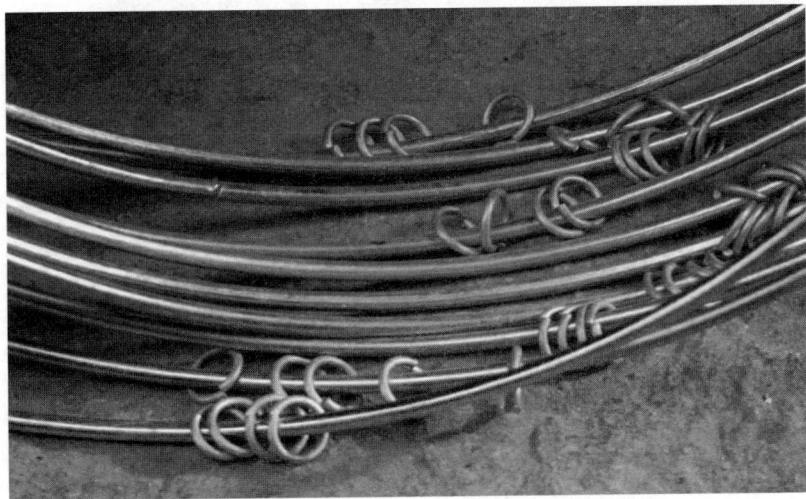

男孩子热衷的铁环

推铁环(民国时期香烟牌画片)

可以串上几个小环,大铁环滚动起来会"哗啦哗啦"作响。推铁环用的推棍,前端是U形钩,可以钩嵌住铁环,使其往前滚转。推铁环需要一定的灵巧平衡技术,眼见别人健步如飞,铁环犹如风火轮,可初学者一上手往往会将铁环推倒。

老年间过春节,最热闹火爆的地方是宫南、宫北大街与北门外,有的孩子在寒假期间,经常与小伙伴一起从周边各处推着铁环连说带笑跑到那一带去玩去看热闹,顺便捎回木刀木枪或玻璃球之类的小玩意儿。小男孩迷上推铁环经常会爱不释手,家里让他到胡同口的合作社(副食店)打酱油,即便是这点事他也要推着铁环去,左右平衡,稳稳当当,也算点功夫。

逮 木 柴

用一块木头去砸击另一块,天津很多小孩将此称为逮木柴("逮"字在天津方言中发音为dēi)。拿来玩的木头不过是些零七八碎不大不小的劈柴罢了,块儿太大的木柴不成,即便是双手抱着也砍不出劲来;块儿太小的轻如鸿毛,谁愿意以卵击石呢?具体大小没标准,要看常在一起玩的孩子们约定俗成的标准。玩时在平地上画个圆圈,大伙儿在中间分别放块木柴,然后用自己手中的一块去砍击,若能将某块砍出圈,那块就归你了。这时,被击出的那块木柴的主人需再放一块入圈,游戏继续。这种游戏也有将木柴打过远处的横线来论输赢的。

旧时,有的小青年玩"野路子",竟然找来几段房檩来玩逮木柴,其动作之笨拙实在让旁观者好笑。

做弓箭·回旋镖

做 弓 箭

古人最初使用的弓是单片的竹条或木条弯曲而成的，在两端绑上动物的筋、皮条或麻绳之类，拉紧为弓。所射之箭也不过是竹条或细木棍而已。《易·系辞下》中便说"弦木为弧，剡木为矢"。有了弓以后，古人才发明了弩。

老年间的小孩爱看关于"打仗"故事的小人书、电影，他们的模仿能力也很强，画面中的弓箭、长矛、大刀往往会成为他们明天游戏中的"兵器"。小孩子玩的弓与古人所制如出一辙。

工欲善其事，必先利其器。玩射箭要先做弓，小孩先找来长一米左右的宽竹条，或粗一点儿的柳条、荆条等，在竹条两端用刀刻挖出小槽，以便用来拴绳子。接下来选择一根有劲的绳子，先拴住竹条一端，一边用力拉一边压弯弓，见竹条的弧度差不多了，扯过绳头再拴住竹条的另一端，系牢。如此，一张弓就做好了。

再说制箭。高粱秆、玉米秆、芦苇、柳条、细竹条等都适宜做箭，找来一根笔直的，简单用刀刮干净表面就可以了。

小孩把箭尾扣在弦上，用力向后一拉，喊一声：发！一松手，那箭就"嗖"地射出老远。一帮孩子可以玩比谁射得远，比谁射得准。那目标呢？常常是一个烂白菜、烂西瓜或是一片废油毡之类的东西。也可以在玩麻秆"打仗"的时候互相对射"克敌"。好在射不出多远，一乐罢了。

有的孩子为了增加"杀伤力"，花心思在箭头端钉上个小钉子。如此危险的举动若被家长看见，定会被大声训斥："你这是惦着干嘛呀？宝贝儿！"可孩子一本正经地说："我们要射杀坏分子呀！"家长越听越恼火，义正辞言地告诉孩子："祖国形势一片大好，哪来那么多坏人！"

回 旋 镖

老年间，有些工厂里七零八碎的废弃零件、小配件会流入民间，比如，有一种近 10 厘米长、1 厘米宽的镂空的小金属片，它弹性很强，据说出自纺织厂。没想到，这小铁片成为了很多孩子的玩具。

怎么玩？由于小金属片弹性好，可把一片弯曲，然后垂直插在另一片上，这样就形成了一个"弹射装置"，孩子们用它可以玩射箭。更流行的玩法是扔"回旋镖"。结合金属片的镂空，把 3 个片的一端叠加穿插好（铁片间的夹角约

120°),再用榔头把每片的同一边朝相同方向敲打敲打,达到微凹的样子,好似扇叶状。如此加工过后,回旋镖就做好了。投掷回旋镖讲究斜向扔出,如果玩熟了,动作要领得法的话,会发现回旋镖很听话,它在空中漂亮地划出个圆圈,最后还会回到你手中。回旋镖还有"7"字形的、"十"字形的。但飞来飞去的铁片危险,容易伤人,所以家长不愿意让孩子玩。现在,回旋镖是风行欧美的一项户外运动,还定期举行世界锦标赛呢!

抓子儿·砍子儿

抓 子 儿

  抓子儿也叫倒子儿，大多是女孩子在家里玩的游戏，砍子儿是男孩女孩皆广泛参与的户外活动，都曾流行于少年儿童的业余生活中。

  老天津的小女孩俗称抓子儿的"抓"为"chuā"，这与天津方言发音有关，比如说小孩不管不顾吃糖果"一抓就是一大把"；说某人见谁就黏糊谁，叫"抓乎人"。

  这种游戏所用的"子儿"一般是个二寸左右见方的小布包，包里装上豆子、沙子或细碎石子。几个小姐妹玩时事先在桌面上随意摆放几块旧麻将牌（也有用小木块的），先开始玩的孩子抛起子儿，待其下落的空儿要手疾眼快地摆麻将，需尽快将麻将摆成同一面朝上或同一状态，子儿落下时还要接住。当麻将状态统一时就可抓起，即胜出了。若中途没有抓到子儿则轮到下一位继续玩。有的孩子甚至可以一心多用，抛子儿、看牌、摆牌、接子儿非常流畅,嘴里还可以甜甜地数着歌谣:"抓,抓,抓大把,不抓一个就抓俩儿。头场大把抓,二场小对儿仨儿,三场麦子青,四场麦子黄,五场收下麦子忙。"

砍 子 儿

这种游戏也叫丢沙包或砍沙包,以小沙包作为投掷物。新中国成立初大力提倡群众体育活动,砍子儿也被孩子们迅速发扬光大,50 年代以及改革开放初,天津教育部门曾将投沙包列入了小学、初中的体育课程中。热心肠的女同学有时还会帮助男同学缝制沙包,友爱互助。

砍子儿的玩法有多样,有时需要画出场地,限制范围。一般是众投手用沙包来掷中间当庄的人,被击中者要下庄出圈。本方若有人在圈中拦截并抓到沙包,可以"救回"自己的同伴继续入场玩,直到一方全部被击中为止。或者,接住沙包的孩了可以用这次成功来抵消下一次被击中。

操场上、胡同里的孩子们一帮一伙,攻防投接,大汗淋漓;你砍我闪,机智灵活,紧张的竞争中充满了欢声笑语。

扇方宝·弹球·打尜

扇方宝、弹球儿、打尜曾是男孩疯玩的游戏,它们玩法各异,很有吸引力,甚至让少年们痴迷,乃至忘记吃饭、学习。

扇 方 宝

所谓方宝是用两张正方形的纸分别折三折成条状,然后两条十字交叉,再各折一角,上翻相互叠压,最后一角插入并锁住斜口而成的小玩意儿。玩方宝可扇可弹,兼具趣

长辈闲坐,孩儿游戏,其乐融融

味性与偶然性。扇，就是手持方宝抡圆胳膊用力朝地面上的另一个方宝连扇带砸，如果那个方宝翻转过来，便归你了。扇方宝并非一味使蛮劲，是有技巧的，孩子们大多会摸索总结出经验。特别是冬天，孩童所穿棉袄袖口宽大，玩起来阵阵带风，有助于掀翻并赢得方宝。

还有用香烟盒纸叠成的小方宝，可以用弹的方法来玩。在固定一点用自己的方宝弹碰别人的方宝，人家的方宝若被你弹出前方的横线，你便赢了。另外，烟盒纸也可以叠成三角形，或扇或弹，还可以各拿出一小摞来，在手心手背上来回翻靠着玩。旧日里，许多家庭为了做饭一天要点两次煤炉(为了省煤)，引火纸用量较大，小孩子赢获的方宝被拆开，可贴补家用。

弹　球

弹球古称打弹珠，传说魏文帝曹丕就是高手，不过他玩的是类似的弹棋子。玩弹球可谓旧日风行里巷的男孩游戏。玻璃球有大中小之分，花样挺多，什么橘子瓣、花狸虎、玻璃花、小德国、大气蛋等，据说有的还是进口货呢！串胡同的小贩，马路边的小摊，大多售卖弹球，品种不同，价格不一，档次低的一分钱可买两三个。常见男孩子的书包或口袋里"哗啦哗啦"乱响，老师常为此而头疼，只好没收。

弹球的玩法有多种，简单的有"打板""出线""进老虎

玻璃弹球——男孩子的最爱

玩弹球

洞"等。可在近端画一条起始线,远端挖个小坑(或设置多个小坑),两个孩子或一群孩子分成两拨,对垒为战。从起始线附近开始用甲球弹乙球,谁先将对方的玻璃球弹进小坑就赢了,玻璃球也就成为战利品。稍微复杂的玩法有些像今天的台球或高尔夫球的规则。

玩弹球也有潜规则,很多孩子讨厌"挤嘎豆"的手法,更不允许非常规地用猛力"叮球",因为这样容易伤到玻璃球表皮,弄坏了会心疼。

打 尜

打尜游戏早在20世纪初就在津城流行了，竞技特点显著。把一块长方体小木块的两端削尖如枣核状，即成"尜尜"。找处旷地或操场，先在地上画8个格子，然后在格内分别写上"鱼、刀、耳、板、龟、鞋、三、二"等字样，每个字代表一种打尜的方法，参与者是要谙熟的。

一般是先将尜放在"刀"格，游戏开始，每人手持一条尺余长的木板轮流打尜。用木板朝尜的尖端稍微使劲一切一点，尜随即弹起，随即要用力一击，此番打得最远的孩子"当庄"。接下来，其他孩子要去抢庄家打出的尜，捡起后奋力向回投进格子里。尜落到哪个格，庄家就要按格中字所要求的动作打尜。比如"耳"字，就是把尜夹在耳边，一歪头，在尜掉落的过程中将它打出。如"鞋"字，就是把尜放在脚上，踢起时击出。庄家如果连续三次没有击中尜就要下庄了，如果击中，无论远近，其他人都要去追去拾并投回格内。假如谁投中刚才打出尜的那个格子，便成为了新一轮的庄家。

打尜也有其他玩法，如在地面挖个小坑，周边画出方框，攻守各为一方，与垒球、棒球规则大略相通。

滑旱冰

改革开放前后,滑旱冰鞋风靡津城,能拥有一双旱冰鞋(俗称为轱辘鞋),穿着它飞驰,可谓占尽无限风光,那牛气劲儿不亚于时下开上一辆世界级跑车的感觉。

最初,旱冰鞋不容易买到,可别忘了,很多孩子的爹在工厂,他们或是亲自上手,或是请厂里心灵手巧的"万金油"帮忙,自制旱冰鞋。那鞋子的关键是轴承滑快且耐用,所以要精挑细选。好在工厂车间里不缺此物,有时,厂领导看见了有人生产此物也睁一眼闭一眼,因为说不准哪天他自己的儿子也要一双玩玩呢。有了鞋子,孩子们就像插上了翅膀,凡是有平整下坡的地方,凡是有宽敞水泥地面之处,总能看到追风少年在跑圈、在追逐、在竞赛。往往是三九天通身是汗,三伏天遍体鳞伤,但孩子们乐此不疲。

后来,市面上不难买到旱冰鞋了,而且鞋的结构也大有改善,最大的特点就是可以调节长短大小号。与此同时,公园里的露天旱冰场也多了起来。节假日,孩子们三五成群跑到旱冰场上风驰电掣,好不快乐。

男孩子的游戏

玩打仗·马上英豪

玩 打 仗

对男孩子来说，最经久不衰、最令人兴奋、最有趣的老游戏莫过于玩"打仗"了。早年间放学后，特别是寒暑假期间，一帮一伙的孩子总爱在旷地上集合起来，号令一出，即刻"开战"。

领头的"司令"头戴柳枝帽子，腰扎皮带，还别着一把小木枪，手里又端着"冲锋枪"。大多数"小兵"手持木刀、木枪、竹竿、麻秆等，煞有介事。就要开战了，先是操练队伍，小司令带头喊号："一、二、一"，孩子们就像解放军，雄赳赳气昂昂地列队、走步。不一会儿，兵分两方，不怕跌倒摔跤，打打闹闹，冲锋陷阵，"缴枪不杀"的喊声震天响……激战过后，得胜方占领了小土坡，

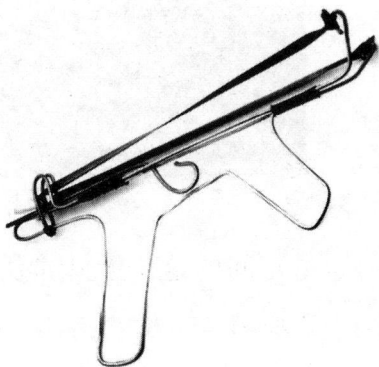

弹弓枪

得意洋洋地插上了小红旗。

争强好胜是男孩的性格,或许会再来一仗,直到家里人一遍遍呼唤催促回家,大家才恋恋不舍地散去。

马 上 英 豪

"话说常胜将军赵云赵子龙,他怀揣阿斗,全凭胯下马和掌中这根枪,在两军阵前杀了七出七入……"关羽、张飞、赵子龙哪个不是在马上建功立业的英雄,骑马作战之威武在男孩子心中的地位无可替代。他们由钦佩而模仿,喜欢玩骑马打仗的游戏。

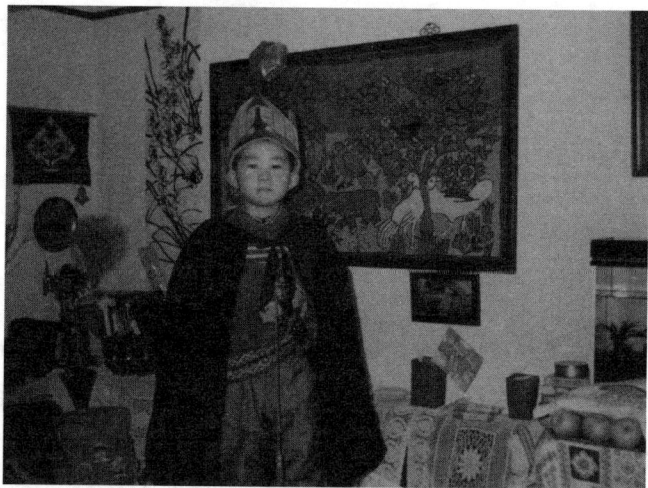

扮成大都督周瑜的男孩子

早年间的这个游戏常为三人一组,一人在前当马头,一人弯腰在后,双手钩住马头人的肩当马身,一人骑在马身上为将军。后来,游戏人物简化为两人一组,一人驮另一人即可。俗话说,宝马配英雄,假如将军孔武有力,但马儿弱小照样会失败。所以当马者最好是体壮有力的孩子,战斗者最好是灵巧善斗的伙伴。一声令下,双方激战开始,马上人揪斗厮杀,当马人互撞相抵,直到一方人仰马翻才分胜负。如果是两拨儿小孩玩,本方若有人落马(原地不动),其他人可进行营救(跑过来拍他一下)以便重新参战,对方也可全力阻击救援。

那时的男孩们没少玩骑马打仗的游戏,在校内课间,常常为了班集体荣誉而战,往往是近乎大半班参与的混战。比如乙班常常藐视甲班,通过几次较量,乙班同学被甲班挫得没了脾气。但极有可能,这两个班的学生被老师定性为"群殴",全体男生罚站,但即便如此也没挡住甲班同学心中窃喜。

官兵拿贼·跑圈攻城

几十年前，人们没有太多的物质奢望，贼人不多，小孩们在胡同里连玩带喊"官兵捉强盗""侦探拿贼"，也许就会震慑住那些心存不良之徒。官兵捉强盗、侦探拿贼等老游戏有助于培养孩子维护社会治安、见义勇为的精神，皆属于捉迷藏类的游戏，生动有趣。

官 兵 拿 贼

三五个孩子先"锛铰裹"决出谁先"当庄"，庄家要面对墙角蒙上眼不许偷窥，其他孩子迅速四散并躲藏好。随着"开始"一声喊出，庄家需尽快找到或在大门后、或在草坑里隐蔽的伙伴，发现谁就要及时大声报出"某某电报"之类的话，如此，被发现者就要上庄了。

如出一辙的还有官兵捉强盗，游戏可以是一人当警察，多人假装贼；也可以分成两拨分别饰演。官兵要背过身去先让贼藏好，然后官兵四下寻贼抓坏蛋，当贼被发现时可以拔腿逃窜，直到被英勇的官兵捉到为止。游戏过程中的奔跑与勇敢对孩子们具有很大的挑战性与刺激性。

老广告画上的孩子们在玩捉迷藏、
官兵拿贼的游戏

跑 圈 攻 城

　　跑圈，是由丢沙包演变而来的一种游戏。准备好沙包，
找一块较为宽敞的空地，召集来四到六个小孩就可以玩起
来。先画一个类似螺旋状的场地，然后几个孩子分成两组，
一组投掷沙包，一组需及时躲闪。后者不仅要力保不被沙
包击中，同时还要绕着螺旋线尽快跑到最中间，再原路返

回。跑圈游戏比单纯的丢沙包更具有挑战性,更注重敏捷的反应速度。跑圈的一队中若有谁被沙包击中,那么此人须立即退出。跑圈人如能拦截接住飞来的沙包,也可以救回场外的一个同伴,或计为击中被免一次。游戏中可有一节,有时候究竟是被击中了手,还是一下子接住了沙包,游戏一旦玩快了确实不大好判断,双方为此发生口角在所难免。就像如今的球赛,有的"假摔"即便在慢镜头中也是扯不清的。

还有一种对抗游戏叫"攻城",需要两人以上玩。事先画出"己"字形的对抗线,游戏中甲乙双方各从大本营出发,以推、拉、拽等身体对抗为手段,达到攻入并占领对方城池的目的。

踢罐儿电报·地雷爆炸

踢 罐 儿 电 报

踢罐儿电报这个游戏是由捉迷藏而衍生的，它比单纯玩捉迷藏多了一个破铁罐儿或旧铝盒，更多了一份精彩刺激。踢罐儿电报往往是在傍晚或晚饭后的路灯下玩的。

几个男孩子一起玩，先在地上画个圈或找个圆井盖，把罐儿放在圆心位置，然后"锛铰裹"定出谁是庄家。开始

在捉迷藏游戏基础上衍生出"踢罐儿电报"的玩法(阴丹士林布老广告)

45

后，随着"砰"的一声，小罐儿被某个孩子一脚踢飞，庄家按规则要去捡罐儿。这时，几个孩子已快速四下散开藏身无踪影了。庄家捡到罐儿，把它放回圈中以后再找寻隐身的玩伴。如果找到了名叫小铁蛋儿的玩伴，要大喊一声："铁蛋儿电报！"那么铁蛋儿就要在下一轮游戏中当庄了。

在昏暗的光线中好不容易找回罐子还要找人，确实有点难度。若遇上胆小的孩子当庄，他或许不敢去某人栖身的破旧木门后面或空空的大水缸里捉人，干脆回到原地守株待兔。其他孩子躲了半天也不见人来捉，只好自己悻悻出来一探究竟。游戏若是这样也就无趣了，所以大家愿意让胆大的孩子当庄找人。游戏可以消耗孩子们的精力，直到玩得满头大汗，回家正好可以睡个美觉，也许梦中一脚踢掀了被子，还以为脚下有小罐儿呢。

正在屋里做针线活的二奶奶忽听胡同里传来叫喊声："地雷！地雷！炸！"不觉心头一紧吓了一哆嗦，可转念一想，这和谐盛世光天化日之下哪有什么仗可打呀，待挪到窗前一瞅，啊！原来是五六个野小子在追着玩游戏呢！

地　雷　爆　炸

说不清这游戏的正名到底叫什么，姑且称之为"地雷爆炸"吧。几个小孩凑到一起，先约定游戏跑动的范围，比如东，从二奶奶家门口算起；西，到五六十米开外的大枣树下，定下谁都不能出圈，然后"锛铰裹"决出由谁来追，其他人可以随意开跑了。

负责追的孩子要奋力追逐大家，当即将触到被追的一个小孩时，那家伙却迅速喊出了"地雷"二字，并抱住脑袋，站在原地不动了，追者只好另寻目标。注意，站住的"地雷"需要等待同

糕点笺图案上的童子们玩着类似"地雷炸"的游戏

伴来营救。追者需要一边追人一边防止他们相互搭救，很是辛苦，但防不胜防。只见一个孩子左躲右闪，与追者擦肩而过，勇敢地拍到了同伴"地雷"，"地雷"立刻高喊一声"炸"，这样就算被解救了，可以继续跑起来。追者若是本领强，最好捉到一个奔跑者，那么被捉者就要在下一轮游戏中充当追人的那位。当然，追者也可以迫使所有跑动人都变成"地雷"，如此两种结果都算追者得胜。

甩弹壳·甩纸炮

甩　弹　壳

20世纪50年代末，"全民皆兵"的备战思想深入人心，各地都有民兵组织，天津也不例外，所以想找到几个废弃的子弹壳、子弹头并不难，于是这也为孩子们玩砸炮儿提供了得力的装备。

孩子们连做带玩，先用小钢锯条在弹壳上（接近底部的一侧）锯个小豁口，豁口大小以可塞进一个小砸炮的尺寸为宜。接下来，把废子弹头儿尖朝上放进弹壳里，再用小钉子在弹壳的口沿边上砸两个小孔，同时用钳子把弹壳口夹扁一些，不让子弹掉出来。最后，在弹壳口沿边的小孔处穿上细铁丝，再在铁丝上系上红布条或细绳。

大功告成后开玩：取一个小砸炮塞进弹壳里（砸炮在子弹头的下面），然后抓住绳子，猛地朝空中一甩，当弹壳急速落下时便会发出一声"啪"的脆响。这小玩具没处买，只有自己动手加工制作。为了那清脆一声，需要花费长久的劳动与等待,这或许也是老游戏的魅力之一吧。

甩 纸 炮

下面介绍一种过去男孩子常玩的游戏,有时也算恶作剧的淘气事——甩纸炮。

所谓的"纸炮"怎么叠呢?找一张 16 开表面光滑的厚纸,横向用,对折,打开,这样就形成了一条中线。接下来,四角往内折至中线处,再整个对齐它,对折后又一次打开。接着,把左右两边的角沿着中线往下折,再把纸往后折,这样就形成了一个三角形。如此,纸炮做成了。玩的时候,捏紧两个尖角,然后用力往下甩,这时就会发出响声。接二连三地甩,动静不可谓不大。但是,纸炮玩不了多少次那声响就会变小变哑,所以要不断加工叠制。

当时,相对常见的是书本纸、报纸,用这样的纸来做纸炮,效果远不如挂历纸、书皮纸。为了追求更大声响,有的孩子不惜拆掉好一点儿的包书皮纸,甚至撕下课本的封面一用。

打弹弓·砍蒺藜·红缨枪

打弹弓

动作片里见过打弹弓的高手，武侠小说中听过弹弓义士的故事，如此利器自古有之。老年间的男孩子十有八九拥有过弹弓，这也是最让老师深恶痛绝的玩具，因为有的学生常把它揣在书包里。

用树杈制作的弹弓

弹弓的弓架大多为"Y"形，有用粗铁丝弯成的，有用小树杈做成的，讲究的要剥去树皮再打磨一番，白生生光溜溜的样子好似工艺品。弹弓的皮条可用粗皮筋，最有劲的是医用胶皮管，精致一点儿的还要在皮条中段加一小块牛皮，更方便夹弹弹射。

孩子们玩起来随便找些小石子就可当弹珠,另有淘气包用玻璃球、钢滚珠来嬉闹。打弹弓游戏常以玻璃瓶、旧瓦盆、烂铁盆为目标,瞄准,弹射,见碎或听响。练好了准头儿就可以去打麻雀了,嘎小子都想成为百发百中的神射手。打弹弓极易伤人,有人在儿时曾付出过惨痛的代价。

砍 蒺 藜

老年间的夏天,在田埂道边、房前屋后到处可见草本植物蒺藜,它开花后,那满身是小刺的果子逐渐成熟,被天津人俗称为"蒺藜狗子",学名叫"苍耳"。

孩子们总爱到草坑里捉个虫子逮只蚂蚱,忽然,他们的小腿不知被何种"武器"扎了一下,尖叫一声跳起老高。因为背着家长到野地里撒欢儿怕挨骂,所以回到家也不敢喊疼,哪承想褂子背面、裤腿角上还粘着好几个"罪证"呢。这都是蒺藜狗子惹的祸!乱草中、黑灯影下的蒺藜狗子无孔不入,常常会悄然无声地粘附在衣服上,在无意间"欺负人"。

于是,孩子们干脆就地取材专门采摘、捡拾蒺藜狗子,收集起来运用到游戏中,相互对砍对扔。这玩法似乎有来由。狼牙棒是古代兵器之一,《水浒传》中的霹雳火秦明就以使用此般兵器而扬名。小孩羡慕骁勇战将,所以蒺藜狗子在他们的游戏大战中好似无数个狼牙棒一样,玩起来特别过瘾。

红　缨　枪

说起红缨枪,可谓历史久远,汉代的枪,与矛的形制很相近,在长木杆或竹竿上装有锋利的长枪头,再配上枪缨。红缨枪素来是良好的武器,流传经年。早有抗日的儿歌唱道:"红缨枪,红缨枪,红缨红似火,枪头放银光,拿起了红缨枪,去打那小东洋!"

1949 年后,推陈出新的时代口号也感染着少年们。男孩子十有八九好玩红缨枪、大木刀,整天"打打杀杀"很快乐。旧时的娘娘宫庙会上、街边地摊上、大小百货店里都售卖玩具红缨枪。当爹的也会做简易的红缨枪。红缨枪

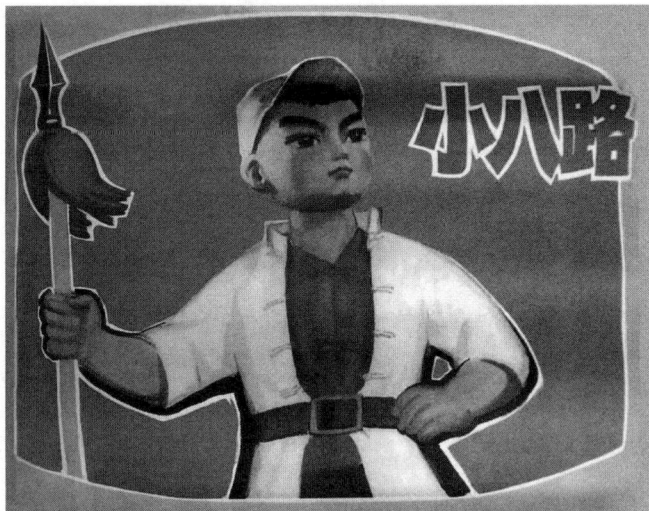

当年彩色木偶片《小八路》中的威武少年手持红缨枪,
对男孩子们玩游戏影响很大

一般是木质的,长约一米五左右,枪尖上还要漆上银粉,光闪闪的,凸显"杀伤力"。再看红缨,或是麻丝染成的,或是红线红布条的,凸显灵动英武之气。长长的木杆上,又漆上了红绿颜色,还可以斜向缠上彩色丝带,特别好看。

那时候,学校训练、比赛有时也用到红缨枪,旨在提高少年的防范意识。同学们列队整齐,大声喊着:"一二一,一二一,突刺刺,杀杀杀"之类的口号,洪亮之声传得很远。

打鞋庄·撞拐·选冠军

打 鞋 庄

说起"打鞋庄"这名字,似乎还有些斯文,实际上就是一帮小淘气聚在一起拿自己的鞋子当玩具,连抢带踢。昔日的穷小孩为了玩很会想辙,有时舍不得自己的布鞋就四处踅摸,捡来几只旧鞋来玩。

打鞋庄游戏五六个人玩最热闹。先在地上画个大圈,在圆心处插个小木橛,再找一根绳子(绳长小于圆半径),绳子的一端系在木橛上。有个小孩先入圈当庄家,他要拽着绳子。另将事先准备好的几只旧鞋放在圈中。

游戏开始啦!只见圈外的几个孩子像小老虎抢食一样从四面袭来,伺机进圈把鞋子踢出圈外,或用自己手中的鞋子试图将圈中的鞋打出圈。而庄家则通过不住的跑动来阻截"饿虎",尽力守住那些鞋子,而手不能松开绳子。受绳子所限,庄家不得跑出圈外,很是辛苦。如果庄家防守出现漏洞,就会有孩子将鞋子踢出圈外,那么这只鞋也就成了他的战利品,并可以继续参战,直到圈内的鞋被踢光为止。游戏结束,得鞋者可打庄家的屁股或挠庄家的脚心,权当一乐。但是,踢抢者若在圈中被庄家拍到或踢着,那就要坐庄开始新的一轮了。

撞 拐

撞拐也叫"斗鸡",孩子们以膝盖当"武器"来击败对手,有点小男子汉的英武气,也不乏争斗的霸气。用手搬起并挽住一条腿的脚腕或小腿,搭在另一条着地腿的膝盖上方,单腿蹦跳着,用朝向前方的膝盖面直击对方膝盖或腰胯,可挑可晃,直到将对方撞倒或导致他双脚落地,对方就输了。

有的孩子从小身高腿长,爱玩撞拐,常凭借"高人一等"的优势用拐起的腿压垮、砸倒对手,这是大个子男孩的共同优势。撞拐可以二人比试,也可一群人分成两拨对垒。放学了,孩子们跑出校门,在一旁的小树林里就开战了,不撞得书本铅笔飞出书包,不撞得人仰马翻不算过瘾。难免有个擦伤崴脚小意外,但没人在乎,怕只怕被老师瞅见遭训斥。

选 冠 军

选冠军,也叫选总统、选领袖,孩子们在胡同里或体育课上常玩。游戏前要准备一个大皮球,参与的人数可多可少。孩子们先分成两组,一组人先围合成一个大圆圈,另一组人在圈内随便站立。

　　游戏开始,外圈的孩子轮流向圈内扔皮球,皮球击中谁,谁就要马上退到圈外。这样往复来回,总会有更聪明更机灵的小家伙闪转腾挪,对手费了九牛二虎之力也投不中他。于是,这个没有被击中还留在圈里的人就是"冠军"就是"总统"了。这冠军自然会牛气一番。一轮游戏过后,两组人马交换场地,重新玩。

砸娃娃·砸铁饼

砸娃娃

所谓"娃娃"其实就是一块整砖头——比拟或假想是老游戏让小孩快乐的重要因素。砸娃娃也叫砸皇帝,玩起来并不复杂。

寻处空场,找些整块的和半截的青砖红砖,在远端立起一块整砖,相对不远处画条横线,孩童站在线后,手持半截砖逐一向娃娃(整砖)投掷。砸中者为胜,扶起娃娃重新开始。小孩子不好控制自己的手臂力量,所以砸不中的占多数,但投出的那块半截砖便不能再移动了,下一位先砸整砖,碰倒娃娃后再砸场中的半砖,被击中的半砖,主人就出局了,砖也归赢家所有。

有的孩子堪称砸娃娃的高手,疯玩一寒假能赢不少砖头,转年开春,那些"战利品"或许还能帮上家用,搭建个小煤屋啥的。

砸　铁　饼

砸铁饼游戏最早流行于 20 世纪二三十年代的天津,玩起来有点野,甚至有些危险,所以书香门第的家庭大多禁止孩子参与这种野小子的游戏。

说起来,玩具铁饼(铁块)也没什么规范的模本,不大不小适合儿童投掷即可,也许是孩子们从废铜烂铁堆里扒来的,也许是从钢铁厂淘换来的边角下料。玩时,两个人同时将铁饼用力投掷向对面的砖墙,"当"的一声,铁饼反弹落下,弹出较远的那块铁饼的所有者为赢家。他可以用铁饼去砸别人的铁饼,若砸中了则更胜一筹。胜负咋论?失败者需趴在地上用鼻子或下巴将自己的铁饼拱到获胜者的那块铁饼上面。

花园洋房中的一家人,男孩子手中抱着一个皮球

这种"赎罪"办法当然过于粗野残酷,所以一般玩时也就是输点什么就算了。旧时的香烟包装中常附赠一枚漂亮的香烟牌子(小画片),孩童尤其喜欢,因此,砸铁饼论胜负,输者要交出几张小烟画。这种游戏还有一种玩法,规则与弹球游戏大同小异。

沙堆陷阱·挖竿子

　　俗话说,害人之心不可有。回想往昔小孩们在大沙堆上挖陷阱的游戏却是对这句话的颠覆。虽然那些暗坑隐洞会把人摔得人仰马翻,但是孩子们却甘愿陷落——无此惊险便没有欢笑与尖叫。

　　大工地的沙堆对儿童极具吸引力,特别是雨后的沙子可塑性较强,孩子们挖出一个个坑,然后用不知从哪里踅摸来的树枝、筐盖、废纸等物虚覆在坑口,再撒上一层干沙子,伪装得天衣无缝,接下来便躲到暗处等待另一拨孩子来自投罗网了。随着"哎呦"一声,有孩子落入陷阱,附近一片深深浅浅的大坑小坑坑连坑,最深的能让人陷下半个身子,难以自拔。"害人者"嬉笑而出,两拨孩子又玩到了一起。闹累了,小孩也会用沙子造山水、堆城堡,这些游戏也许培养了孩子的艺术想象力与创造力。

挖竿子

孩童爱玩沙子，见到沙堆似乎比什么都亲热。所谓挖竿子游戏就是在一小堆干沙子上立一根冰棒棍或竹签子，下部要培牢沙土使其稳固，然后就开始玩啦。几个孩子先要"锛铰裹"一番，约定先后。玩时，一人一次地把埋小棍的沙土一点点取走，无论取多取少都没关系，但要确保小棍不倒下。谁在取土过程中碰到了小棍，或是它自然倒下，就算输了。挖竿子游戏当然有技巧、战术，一般讲究先下手为强，这样可以最大限度地取走沙土，把难题留给下一位。

很多孩子小时候爱玩这游戏，稍微长大了就觉得不过瘾了，索性找来又细又长的麻秆、竹竿戳在沙堆上，增强游戏难度。挖竿子越是玩到最后越刺激，甚至每次只能几粒几粒地取沙土。最后他们趴在沙堆上，甚至连大气都不敢出一口，生怕竿子倒在自己手里。

毛号儿

　　20世纪50年代末,反侵略战争准备和全民皆兵的思想盛行于中国大地。如此形势之下,一种以枪支、大炮、军舰、飞机等军事装备为题材的毛号儿(也俗称"毛片儿")在民间悄然诞生,成为小男孩游戏的最爱。

　　毛号儿的玩法有很多。比如二人出牌的方式,每人拿出同样张数的一沓毛号儿,先"锛铰裹"决出先后,再按陆胜空,大炮打飞机;空胜海,飞机炸军舰;海胜陆,军舰轰大炮等一系列胜负关系相互比拼。另外还有稍具难度的"靠号儿"。一沓毛号儿横向托在掌心,双方先约定好最后抓住几张,然后手心手背来回翻转,再找机会向前向上抛出,看准这沓毛号儿在空中的状态,果断抢抓或捏住所要的那几张,这

20世纪八九十年代流行的毛号儿品种之一

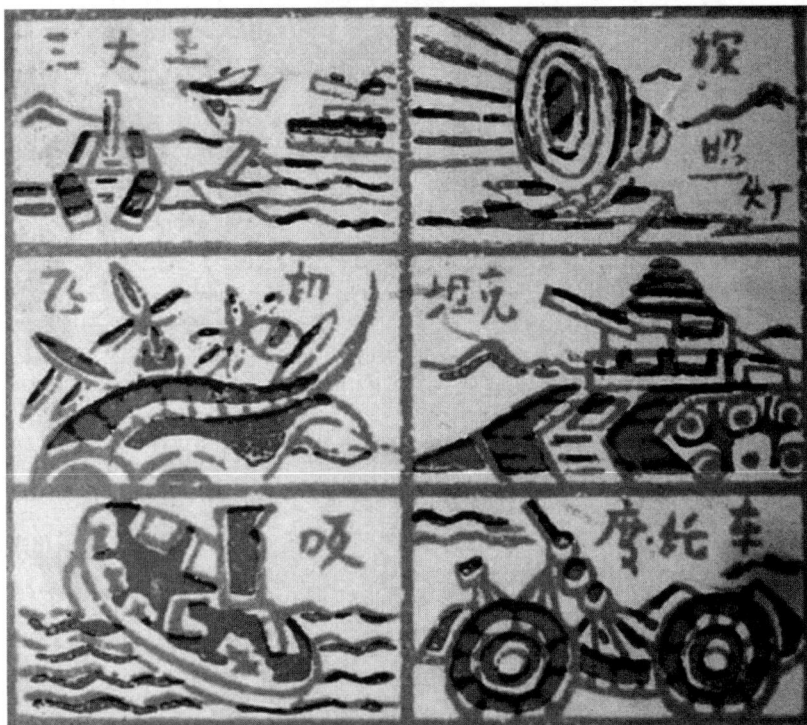
老天津男孩子喜欢玩的"战斗"毛号儿

要眼疾手快。还有一种以司令、工兵、地雷为图案的毛号儿，司令逮工兵，工兵挖地雷，地雷炸司令，三者往复，相互制约。小孩们沉迷"战事"，其乐无穷。

还有另外的玩法，比如每人出数量相等的毛号儿，正面朝上摞在一起，放在地上或桌面，约定好先后顺序。拍时既要用力还要讲究用巧劲，如果你将毛号儿拍翻面了，那么这张毛号儿就归你了，还可以接着拍，否则轮到下一人。双方直到把最后一张毛号儿拍过来为止。这种玩法有些技巧，手掌的大小，手心朝下虚掌弓起的程度，拍下去的力道等都有一定的影响，另外空气流动也会起到一定作用。这些技巧没有固定的套路，完全要靠不断摸索与偷学自悟，不得要领的玩家就是把手拍肿了可能也赢不了几张毛号儿。

拍毛号儿又有"留一"的玩法，就是一人拍一下，拍过来倒数第二张的人为赢。"留一"又演化出"留二""留三"等。这些玩法中有时可以使用"过桥"的小伎俩，就是自己不拍或者轻拍（假拍），将难度留给下一位。也可以相互约定拍一下要翻过来多少张。

吹口哨

"不拉提琴不吹箫，老师教俺吹口哨，哆来咪发索拉西，引来只只百灵鸟。"小孩子们闲乐时喜欢轻吹口哨，小曲也好，童谣也罢，总是愉悦放松的。另外，有的孩子喜欢小狗，口哨也是训练狗狗、寻找狗儿的好办法。

口哨吹得好，吹得响，吹得有乐感，并不是简单的事。吹口哨时，嘴要呈圆圈状，用舌尖抵着口皮，再从口唇中间空的地方吹气，要使劲向外吹。有的孩子学起来很聪明，一旦发出了口哨声就趁热打铁，反复练习，不长时间就能吹出比较稳定的口哨音乐来。也有孩子尝试用指尖配合吹口哨。两个小手指（或食指）相对，放在舌下，让气流穿过手指与口腔的缝隙，要对准能发出共鸣的位置。这一招有时让小孩很着急，一时不见得能吹响，需要慢慢调整手指与口腔的夹角，以及手指进入口腔的深浅。一旦发出响声，他们常常欣喜若狂。

有些孩子就是吹不响，或总是比其他小伙伴吹出的声音小，常在心里着急。吹口哨有多种方法，往往是无师自通,重在练习,急不得。因为有一些行为不端的孩子爱吹口哨,所以有不少家长禁止自己的孩子吹口哨,感觉那做派有点流里流气的。

牧童骑在牛背上吹笛子

飞镖·拉哨

昔日里的"野小子"似乎要比现今的"小皇帝"更多几分发明创造的天分,那时候家家户户日子穷,没有闲钱给孩子们买玩具,但物质生活的贫瘠也不能挡住孩子们对快乐的追求,他们凑到一起鸡一嘴鸭一嘴,几个鬼点子便能碰撞出一样新玩具、一种新游戏的火花来,比如小学生做飞镖和拉哨。

做飞镖其实很简单。找一支带橡皮头的铅笔,轻轻将橡皮头与小铝箍一起拿下来,然后在外露的橡皮圆头上扎一根缝纫针或大头针,这就成了所谓的镖头。然后用红线做飞镖的小穗,不必太长,此为镖尾。再把镖头和镖穗连接固定好即可。

过去随处可见的苇子也被孩子们利用了。他们找来相对粗一些、结实点的苇子管,当作吹管,事先团好若干个小泥球儿,当作子弹。泥球儿填塞到吹管前端,用力吹出,男

67

孩子们以此互相攻击闹着玩。还有的孩子干脆改造了上述飞镖,把它也填塞进了吹管,成为更有战斗力的吹管飞镖。小飞镖虽然飞不了多远,但小孩还是带着它乱投乱吹一通,常弄得墙面、家具、门窗到处都是眼儿,因此也没少挨家长骂,学校老师也是三令五申不得玩这些玩具。但孩子们喜欢,越是禁止越想尝试。

拉 哨

很多孩子爱吃杏,酸酸甜甜,剩下的杏核也可当玩具。我们曾讲过杏核的多种玩法,另外,杏核还可以做拉哨。在水泥地上把杏核的一端磨出个小孔,剜去内中的杏仁,这样就成小哨子了。再找来一小片圆形的硬纸板,把两个杏核哨固定在硬纸板上,在纸板中心穿两条线,来回扭转、拉绳,圆纸板就会飞速转起来,所谓的杏核拉哨也就做好了。用力不同,可以调节圆片的转速,哨声大小也随之变化。

用啤酒瓶盖也可以做拉哨。将瓶盖砸平,扎两个小孔,小孔相距二三毫米,然后穿上线绳。玩时,先将两股线绳拧到一起(像麻花状),然后猛地抽拉线绳两端,铁片旋转,发出"嗡嗡"的声音。有时,砸平的瓶盖片周边还残留着小齿,转起来像小锯。个别淘气孩子像发现了新大陆一般,用"小转锯"去磨削同学的屁股,去磨削教室里的课桌,此般恶作剧可谓淘出圈了。后来,塑料拉哨出现了,玩具摊有卖的,但孩子们对它的兴趣差多了,因为少了自制过程的乐趣。

笔芯笔杆当玩具

过去，有些男孩子爱用圆珠笔芯的塑料管做"气枪"玩。把废弃的圆珠笔芯的笔头拔下来，找来一根比较细的自行车辐条，辐条正好可以插进笔芯管里，这就相当于"气枪"的枪身了。撕一丁点儿纸，含在嘴里嚼软，把这小纸球儿用辐条压推进笔芯中，让它稍靠前点。然后再压推进一个小纸球儿，这样，笔管中的前后两个小纸球之间有间隔了。玩的时候，从后面推辐条顶小纸球，用力要急速，在空气压力的作用下，前端的小纸球儿迸射而出。那小纸球打在肉皮上是会疼一下的。

圆珠笔也叫原子笔。小孩们利用圆珠笔油还"开发"出所谓的"原子快艇"。找来个短短的铅笔头，用小刀从后尾顺着铅芯把它一劈为二，扔掉铅芯，这样，那一半笔杆就像艘小舰艇了。再在尾端挖个"V"字形的小豁口，挤出一点圆珠笔油放在豁口上。舰艇下水，船尾会一点点排出（流出）笔油，油水不溶，油在水面扩散，推动着小舰艇在水中游弋。若赶上孩子多了，舰艇多了，水洼里倒像是水师舰队的阵势呢。

用笔杆吹纸团儿也是男孩子的一大游戏。早年的圆珠笔、自动铅笔拆卸方便，塑料笔杆也成了玩具。不知二虎啥时候搞来一捧黄豆粒大小的纸团，个个还挺坚实，一股脑儿掖在口袋里。他看见四宝从院里出来，于是悄悄地往笔杆里填了个纸团，把笔尖小孔那端衔在嘴里，似乎是在做着什么准备。当四宝走到眼前，二虎瞄准，鼓嘴用力一吹，见那小纸团"嗖"一下正射到人家脑门上。"哎呦——"四宝尖叫，一边追着早已跑远的"坏蛋"，一边喊着："看我明天给你告老师的！"其实，一时动气，说说罢了。没出两分钟，四宝追上了二虎，朝他屁股上踢了一脚，扯平后二人又嘻嘻哈哈玩起来。

其实，四宝裤兜里也藏着"利器"——几块新鲜的橘子皮。这玩嘛？趁人不备，朝别人眼上猛挤一下橘子皮，那酸涩的汁水常会让人一下子睁不开眼、流眼泪。实在有些恶作剧了。女孩娇气，有些嘎小子专爱逗她们，其结果，被告诉家长，"肇事者"当然少挨不了一通打骂。

剟刀游戏

昔日,学童们的铅笔刀是细长柄的扇形小刀,谁料想这好端端的文具也会成为男孩子们课余的玩具,玩剟刀子,以连线、围圈论输赢。

两人玩时用一把小刀即可,找块松软的地,画一条短线,两人各选线端一点,然后将小刀剟在地上,剟出的那个点可以与自己事先选的那个点来连线。刀子剟不中地面则由另一人剟。双方要用自己的连线尽可能围住对方的连线,直到困住一方为止。

铁　轨　压　宝　剑

有的孩子还找来废旧钢锯条,磨快了当刀使,或把铁钉子加工成小宝剑来玩。"文革"快结束的那几年,天津市西营门外那一片的孩子们,不知是谁"发明"了在铁轨上放大钉子压宝剑的办法:选一个大铁钉,在离钉子帽两三厘米的位置套上个螺母,然后摆在铁轨上,火车一过就压成宝剑了。男孩子们一帮一伙的,不怕路远纷纷前去"打造"

宝剑,回到胡同用那宝剑玩剟地、剟胶泥。

分 田 地

"分田地"游戏也叫"划地",即两个孩子找一块较为平整的土质较软的干净地方,先画出一个方框,然后设一条中分线,左右两块地分属甲乙双方。游戏开始前先"锛铰裹"分出谁先谁后。玩这游戏要用小刀,可以是铅笔刀,也不乏男孩子在家中自制的尖刀(多为钢锯条磨制)或铁锥。

按照规则,甲方先在自己的那块地上用刀子剟三下,每次刀尖必须剟入地。接下来就可瓜分乙方的地了。这时,看准位置,在人家的地上剟一刀,然后在落点的位置画一条贯通边线的直线,如此分割后,先让乙方挑一块,那么另一块就归甲方了。若甲方在上述四次剟刀过程中有一次没剟中就算失败,主动权交给乙方。另外,无论哪一方连线割地时是不允许穿过既定界线的。假如一方不仅刀子钝,技术也欠佳,另一方很快就会成为"地主老财",而"无立锥之地"的一方只能等待下一轮翻身了。

天 下 太 平

有一种游戏名叫"天下太平"。操场的树荫下,或胡同的犄角处,但凡有块巴掌大的地方便足以让小哥俩儿蹲那儿玩起来。找截粉笔头儿,捡根小木棍,二人相对,各画一个田字格,然后以"锛铰裹"开始,赢者先写下"天"字的第一笔,输者后写。依此类推,谁先写完"天下太平"四个字便胜利了。

一年四季玩到头

养小鸡雏·玩虫养蚕

养 小 鸡 雏

现如今的城市居民已很少养鸡养鸭,不过在 20 世纪六七十年代,家庭养鸡还是比较普遍的。那时候春暖花开时节,近郊农民就开始进城售卖鸡雏,有的小贩还把小鸡

孩子们不仅喜欢小鸡,也喜欢在河里放游小鸭子

绒毛染成红的绿的(或只染头顶),看着很漂亮。

毛茸茸的鸡雏很招小孩喜欢,在他们眼里简直就是活生生的玩具。鸡雏便宜,家长常会买几只给孩子玩,若日后幸运养大了或许还能下蛋呢。小鸡活泼好动,见什么啄什么,有的孩子爱不释手,除了逗小鸡,还总是把它们放在面前细细观察。有时,当小孩张开嘴,小鸡还会啄他们的牙缝呢,"叮当叮当"很好玩。随着小鸡逐渐长大,就必须把它们安顿到合适的纸盒中了。有的孩子放学后会到菜市场捡点菜叶,回家后剁碎掺上玉米面喂鸡。闲暇的时候,小孩也将它们放出来,与小伙伴家的鸡雏比比哪个长得快。

鸡雏长大了不再是可爱的玩物了,一些孩子便失去了兴趣,养鸡就成了大人们的事了。

玩 虫 养 蚕

孩子几个月大的时候,妈妈就开始用虫子咬手心的把戏逗他们玩,比如"虫子咬手心啦,打它,飞——"其实,小娃娃没见过也不懂什么是虫子,但游戏的快乐由此与之经年相随。五六岁的孩子已认识小虫,不少儿童对七星瓢虫尤其感兴趣。草叶菜叶上的瓢虫并不难捉,小孩捉来放到火柴盒或玻璃瓶中,有时还要怜惜地放点菜叶碎末为它营造生存空间。几个孩子凑到一起常常把小虫放在手心,冲着它喊:"花大姐,你们家着火喽。"受此惊吓的瓢虫有时会张开翅膀飞走。

20世纪六七十年代,春天养蚕曾是中小学生们最着迷的课余游戏与闲情生活内容。小女孩喜欢养蚕,她们只为好玩,并不关心日后的经济价值。最初,蚕卵是需要买来或换来的,大多数孩子会选择后者。她们常常背着家长,在家里偷偷找出一件旧衣裳或一堆破布头儿,乃至心爱的小人书,以此换回一些黑芝麻大小、未孵化的蚕卵,或是肉眼几乎看不清楚的幼蚕。养蚕宝宝可用小木盒、小纸盒,但一定要为盒子扎些小孔换气。放学了,孩子们的首要任务就是要去采摘新鲜桑叶,好回家喂蚕。蚕宝宝白胖白胖的,贪吃贪睡,在那忽明忽暗的盒子里优哉游哉。

在家看着不过瘾,有孩子把装着蚕宝宝的小盒放进书包里带到学校。上课时偷摸瞄一眼,下课了,凑到一起比谁养的蚕最大最肥。这情形常令不养蚕的同学很羡慕。悉心呵护下的蚕宝宝就要吐丝了,这个阶段要将它们转移到纸板上或者圆形的纸片上,有助于蚕之奉献。时光飞逝,那些蚕渐成蛹,又缚茧抽丝,再化成蛾。此刻虽是美丽的蜕变,但孩子们已经对它失去了兴趣。

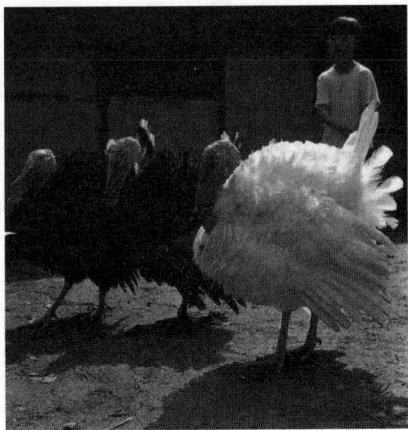

孩子与火鸡

水中嬉戏

下 河 玩 水

　　九河下梢天津城，七十二沽天津卫。天津大小河流多，
洼淀港塘也不少，夏天的小河沟、浅水塘便成了孩子们的
水上乐园。说是河，水最多齐腰深；说是塘，水也就到膝盖；
说是玩，孩子们玩着玩着就"战斗"开了。

　　暑假时天气酷热，下河连洗澡带玩可谓惬意美事。有
些孩子的家门口就有小河，有的野小子则要跑出十里八里
往远处玩去。一般到了水齐腰深处，他们就不敢往前走了，
毕竟安全第一。分开两拨，用手撩水、击水、乱划拉，目的是
打击对方。玩水也有技巧，切忌手入水太深，不然阻力大，
费好大劲撩出的水却没有"杀伤力"。方法是手掌轻触水
面，有些角度，如得要领，不大一股水流也会像水箭似的直
扑对方。连续打击，对手十有八九会呛水的。更有甚者潜伏
到了水下，猛地拉倒一个孩子，如此这般二人便在水中厮
打起来，继续以水搏击。男孩子的暑假，便在这样打打闹闹

80

的快活中度过,总有玩不完的游戏等待着他们。

打 水 仗

三伏天暑热难耐,妈妈端来一大盆水,其中放些塑料玩具,甚至只是五颜六色的小瓶、小碗、小罐之类,娃娃光着屁股一会儿水里一会儿盆外忙个不停,玩起来饶有趣味。稍大的淘气小子们虽然经常跑到河里玩耍,但他们仍盼着下大雨,一是凉快,二是可以蹚水玩。

大雨稍顿小雨淅沥之时,有的孩子就耐不住性子冲出了家门,深一脚浅一脚地踏进了胡同里、街面上的积水中。旧日天津低洼成片,容易积水,一些街区甚至可达齐腰深,这可美透了孩子们。蹚水玩有时是慢悠悠的,一只漂起的拖鞋,半个漂起的西瓜皮,让他们顺手抓到会更觉得好玩。来蹚水的孩子越来越多,不知是谁发起挑衅,手持不知哪里漂来的一块破木片奋力击水,打水花袭击

雨后孩子们上街蹚水玩

81

旁人,这自然引发了孩子间的相互嬉闹。那时的孩子们没有水脏水净的概念。

举个例子,早年间在市内通往西郊的要道上,大雨过后水满为患,一些孩子便争先恐后去蹚水玩水,走在水里来回折腾,嘻嘻哈哈看热闹。有的孩子在水下还铺上几横溜儿大砖块,过往的菜农马车不免颠簸几下,常有几个茄子西红柿掉下浮在水面上,转眼间就不知被谁捡回家了。

打水仗还有更有意思的玩法,要用到竹管或细胶皮管,相互射水嬉戏。

射水玩的小竹管,早在民国初年的《日用居家百科全书》中就有制法介绍,教家长如何哄孩子高兴。选一段一端有竹节底部封闭的竹管,然后在底上钻个孔。再找一根竹条,竹条顶端缠绕布条,要与竹管内壁紧密贴合,从竹管开口处插入,相当于注射器的推管。上提竹条吸水,推进竹条射水。后来有的孩子索性捡来废旧的针管射水玩,但每次吸水量有限,只是小打小闹,缺乏"战斗力"。

三四十年前,不少男孩子喜欢玩医用的黄色软胶皮管,卖玩具的小摊贩专门有售。胶管一尺多长,一端扎紧,另一端用两个手指夹住并对紧水龙头,通过水压将水注入胶管,胶管很快就鼓胀抻长了,晶莹透亮。注满水后要用手指捏住胶管口,俗称"憋管儿",带着这样的"武器"就可到胡同里打水仗了。管中之水在胶管紧缩的压力下会射出很远,交战双方被水击得东躲西窜,煞是好玩,又足够清凉。如今,"憋管儿"已成老黄历,宝宝们玩上了花花绿绿的仿真水枪,乐趣依旧。

打水漂

老游戏"打水漂",与现在所谓的钱白花事没成称为"打水漂"毫无关系,昔日的孩子们玩这游戏可是件美事。旧时,在河岸蜗居、在水畔生活的小孩许多都会用小瓦片玩打水漂。三五个孩子捡点碎瓦片、碎瓷片或光滑的小石子,贴着水面用力飞速地撇出去。瓦片连连点击水面,飞行中划出段段美妙的弧线,石子蹦跳着击出层层涟漪,在蓝天白云的映衬下美不胜收,真让人快乐无比。似撇似削,手法好的孩子常常能使瓦片旋转着飞出,可以点水十几次,又飘又远,小伙伴见此无不拍手叫好。

打水漂的游戏还匹配着一些欢快的歌谣,如:"打打打,打片瓦,不打仨儿,就打俩儿,噼里啪啦打一把,水花四溅满天洒。"又道:"打,打,打片瓦,不打一个就打俩儿,俩儿不够,噼里啪啦打一溜,一溜不开花,单拉二百八。"据说美国宾夕法尼亚有个老顽童,玩打水漂可让石子在水面上点击跳跃50余次,不知吉尼斯纪录中是否还有更强的达人。

捕蜻蜓·养蝌蚪

早些年,天津常见的各种蜻蜓不算少,比如俗称的大青(老青、大蜓)、黄老褐、红辣椒、轱辘钱儿、黑鬼儿、花狸豹等,它们对孩子具有非凡的吸引力,若捉到一只色彩斑

喜欢小动物是孩子的天性(糕点笺图案)

84

斓的轱辘钱儿是足以炫耀的。天津人一般地把蜻蜓统称为"老褐"。

捕捉蜻蜓可粘、可钓、可网抄。长长的竹竿,竿头接一截扫帚苗,扫帚苗顶端抹上一点粘油,小孩手持竹竿,看准树叶间的蜻蜓,踮起脚屏住呼吸轻轻一粘,拿下!网捕黄老褐一般要在潮湿闷热的傍晚,大量老褐低空飞行盘旋,尤其是在河边,一网总能抄到几个。钓蜻蜓最有趣。夕阳下的孩童们用细线拴上黄老褐,牵着它任其飞翔,小孩跟着颠跑,嘴里还不住地喊着"老母儿,老母儿",这样常会引来青绿色的大蜓(雌碧伟蜓)。捕后将它养一宿,第二天再用它来引钓雄大蜓。也许小孩并不晓得个中道理,只是观察自然规律而已。其实,雌大蜓傍晚觅食抓黄老褐,白天雌雄交配,钓蜻蜓实乃愿者上钩也。

养 蝌 蚪

拍摄于 1961 年的水墨动画片《小蝌蚪找妈妈》,曾获得过多项国际电影节奖项,还获得了首届中国电影"百花奖"最佳美术片奖。相信很多孩子是听着其中的故事、看着这部动画片长大的。

天津人把蝌蚪称为"蛤蟆秧子",春天,有些小孩喜欢捞小蝌蚪养着玩,小河沟、小池塘里常见蝌蚪,胡同口卖玩具的小摊上有时也卖。小蝌蚪脑袋大,尾巴细,浑身乌黑发亮，十分可爱。孩子们把这些小生灵放游在玻璃瓶或小鱼缸里，举在面前，不错眼珠地盯着欢动的它们。蝌蚪胆子小，周围稍有动静便会被吓得东躲西窜。养蝌蚪要喂食、换水，它们爱吃小水草、馒头渣儿、面包屑等。见有吃食入水，小蝌蚪张大嘴巴，你争我夺的样子孩子们最爱看。孩子们还发现，若有几天忘记喂食给它们，它们竟然会互咬尾巴解饥。

在孩子的密切关注下，小蝌蚪慢慢长出了后腿、前腿，尾巴也缩短了，身子变长了，颜色随之变淡，它就要变成青蛙了。此时，一些孩子便对它们失去兴趣，虽然有些难舍，但还是会把蝌蚪放回到小河里去。

斗蟋蟀·逮蚂蚱

　　捉蟋蟀斗蛐蛐让夏夜里的"野小子"更加忙碌,有些孩子甚至称得上是祖孙相传的爱好,他爷爷小时候就是蛐蛐迷。小孩子们狼吞虎咽吃罢饭抹嘴就奔向胡同,招呼伙伴去逮蛐蛐。

斗　蟋　蟀

　　残墙乱瓦杂草丛生之处是蛐蛐的家园,听到虫鸣声,小孩立刻放轻脚步,俯下身子,睁大眼睛,竖起耳朵,仔细判断蛐蛐的位置。小心拨开杂草,哇!一只油亮的大蛐蛐正在那振翅响鸣哩!这时更需小心,一是不可惊到虫儿,二是捕捉动作要稳准快,还要尽量不损伤蛐蛐的肢体。把逮到的蛐蛐放在蛐蛐罐或纸筒儿里,这才有说有笑打道回府。

　　古代玩家对蟋蟀有着一定的品级要求,青为上,黄、赤次之,黑又次之,白为下。一只上好的虫儿讲究头要圆大,须不能断,牙要完整,腿要粗壮,跳跃有力,振翅均匀,鸣声清脆响亮。孩子们斗蛐蛐一般顾不上这些标准,带着两三个蛐蛐罐,找个破瓦盆或纸盒子,在昏暗的路灯下便玩起来了。有时,两只虫儿碰面好半天没动静,小孩就用谷草或笤帚苗左挑右逗,虫儿终于咬起来,围成一团的孩子们眼珠都快掉到瓦盆里了,大声喊着:"咬!咬!咬它!"真是乐在其中。

古有"蟋蟀皇帝"与《聊斋志异·促织》名篇,近有津味小说《蛐蛐四爷》,虫儿虽小乾坤大,还真是一言难尽。

逮 蚂 蚱

白石老人画卷上栩栩如生的蚂蚱是多么灵动怡情,可它一旦成为孩子游戏中的角色便有些命运多舛了。逮蚂蚱并不太难,只要你眼疾手快动作轻,用手一捂常常会有收获。蚂蚱的后腿壮硕善跳,即便是被小孩子系上了细线也会一跃而起的。见此,有的"淘气包"孩子就想出歪招,找来草根儿或树叶子拴在线上,让蚂蚱连蹦带拉着向前蹿。受惊吓的蚂蚱欲求生,只好奋力逃命,这样一来也成了几个孩子的比赛,看谁的蚂蚱跑得快、拉力大。唉,虫儿哪知此意,当然禁不住折腾,等待它们的结果不是活活累死,就是腿断力竭。无巧不成书,一只大公鸡来得正是时候,一口啄下,实在美味。

蝗灾一直让农家头疼,有些地方的人们恨之入骨而食之,鲜香油酥的炸蚂蚱便是老天津的名吃。男孩子们游戏之余捕获较多蚂蚱时喜欢烤着吃,吃起来津津有味。

染指甲·吹葡萄泡

染 指 甲

老年间的女孩子们也喜欢染指甲，边染边玩。她们所用颜色来自花花草草，可谓绿色天然无污染。草本花卉凤仙花是染指甲的上佳之选，它又名指甲花、小桃红。

每年一到花季，爱美的女孩子们就聚在一起，一边游戏，一边采来几朵小花玩染指甲。大红色的、紫红色的凤仙花瓣最好，还有粉红色的、白色的。想要染指甲，除了凤仙花外，还需准备一点明矾（或盐）、一个小碗、一小块塑料纸、一段线绳。姑娘们先把一点儿明矾研成粉末，然后将花瓣与明矾末放进小碗里捣碎。捣好后取一点儿，只要与指甲面积差不多的量即可，然后敷在指甲上。接下来蒙上一小块塑料纸，再用线绑好即可。

小姐妹们总是互帮互助，你帮助我弄花浆，我帮助你包裹，期待着美丽的出现。待转天早晨揭去塑料纸，艳丽的红指甲就呈现在眼前了。这样染出的指甲要比用指甲油好看得多,也很自然。据说,凤仙花具有一定的抑制真菌的作用。

吹葡萄泡

这里要说的吹葡萄泡游戏有两种,一是吹出形如串串葡萄状的泡泡,一是吹真的葡萄(皮)泡。

说到老年间的玩,孩子们总能想出各种项目来,比如,冲调好浓淡适宜的肥皂水,找来一节细苇子管,用苇管一端蘸点肥皂水,就可吹出大大小小的泡泡来。如果找来一小块窗纱,固定在小铁丝圈上,这样再蘸肥皂水,便可以吹出像串串葡萄状的泡泡,密密相连,数不胜数。轻轻一甩,泡泡飘在半空中、阳光下,映出五彩斑斓的色彩,令孩子们高兴至极。

夏秋时节,女孩子们还爱玩另一种吹葡萄泡游戏。她们吃够了酸甜的葡萄,常会留下一两个饱满硕圆且没有伤破的厚皮葡萄珠,从葡萄上端的把儿处小心翼翼地抽取出葡萄肉、葡萄籽,过程中,那上端的小孔千万不能过大。这样一来便形成了空空的葡萄皮泡。孩子们把葡萄泡放在嘴里,轻轻吹鼓葡萄泡,再用舌尖顶到门牙背面,一挤,葡萄泡便会发出声响,反反复复,声响不断,非常有趣。玩了一段时间,再看嘴里的葡萄皮都已经变成黄褐色了。

风筝·风车

风　筝

风筝是中国人的发明，也是世界上最早的人造飞行器，放风筝堪称"古董"级的游戏。东汉造纸术发明后出现

老年间的阴丹士林布家喻户晓，放风筝也成为其广告画面，很有亲和力

雏形,唐时称为纸鸢,五代时纸鸢上已经笛响筝鸣。明清以来,放风筝成为备受天津人喜爱的娱乐游戏,春秋两季,老城厢、娘娘宫、南市等地到处可见边放边卖风筝的商贩,购者如云,一派"风鸢漫天舞,童叟竞相嬉"的景象。嘉庆年间,诗人樊彬在《津门小令》中更是描述道:"津门好,薄技细搜求。烟管雕成罗汉笑,风筝放出美人游。花样巧工留。"天津风筝融南北风格,特色鲜明,清末民初的"风筝魏""老金记""帘子李""张七把"以及雅文斋的风筝无不做工精细,结构科学合理,造型生动逼真,色调简洁明快,花色繁多,放飞效果极佳,名闻海内外。

过去的孩子没有什么钱,但是囊中羞涩也不妨碍他们追求放飞的快乐。很多孩子会自制简易风筝,找来细竹条或粗苇子扎出方框,对角线绑紧骨架,再糊上一张白纸,粘上两条长尾巴,孩子们风趣地叫它"屁股帘"。哥哥牵线在前跑,飞,飞,飞起来了,弟弟妹妹在后面追着欢呼雀跃着。秋风送爽,好个美妙童年。

风　车

风车是一种非常普及的传统民间玩具,历史悠久,唐宋绘画中已多见其形象,如南宋画家李嵩笔下的《货郎图》中就有一个小风车,安插在货郎帽子的后面。

老年间通常用纸、竹或秫秸做风车,借风力不停旋转。

冬天在街面上卖风车的小贩

小孩大多会自制(多角)风车,用一张正方形的白纸(彩纸更佳),自四角向中心剪开,开口过半,然后依次弯折各角,集于中心。找一个小钉子或大头针当轴,再安装到小木棍或秫秸杆上,四角风车就做好了。有的孩子还会用两张纸或三张纸制成八角风车、十二角风车。假如纸张颜色各异,那么风车转起来会更加绚丽,更有律动感。

庙会上,小贩卖的花轮带鼓的风车最漂亮。风车轮用秫秸篾条弯成,直径约 20 厘米。以轴为中心,把纸条染成放射状的颜色,纸条的另一端粘在外圈上。另外,轴的延伸部分装有一个小拨片,轴下还装有小鼓槌、小鼓(泥质),风轮转动,轴上的拨片拨动鼓槌,击鼓作响,可谓声色俱佳。

玩杏核

过去,孩子们吃完甜杏一般都不舍得丢弃杏核,洗净晾干攒多了当玩具。几个小孩儿各自在手心里攥藏几个杏核,一二三,张开手比谁出得多就让谁先弹。将所有杏核撒在桌上或地面,先在最相近的两个杏核之间画条线,然后弹其中的一个,若弹中了刚才所选的那个,那个杏核就成为战利品了。如果画线时碰到了杏核或没有击中目标属于失败,则轮到下一人继续玩。

另有小孩们站立着玩"吊砸"的方法。即地上画个圈,圈中撒些杏核,儿童直立低头,手不能太低(大致在胸口以上位置),用捏着的一个杏核瞄准地上的杏核,然后让它落下。如果哪个杏核被砸出圈外,被砸出的那个杏核就归你了。

稍大一点儿、长得周正的杏核又是小孩们制作哨子的宝贝。先需仔细掏去杏仁,然后在合适处开个小口儿,一吹"呜呜——"响。在制作哨子的基础上,再在杏核两面各钻一个孔,穿过结实的线绳,这又成了一种新玩具。双手轻轻抖扯绳子,让杏核朝一个方向转,一会儿绳子紧拧成了麻花,然后再向两侧拉绳。这时,杏核开始飞速反转,一拉一松,一松一拉,杏核在正反转中会发出哨鸣声,煞是悦耳。

孩子们还可以在桌子上玩弹杏核,比谁弹得远,也可以借鉴桌上弹球的玩法,向对方球门发起进攻。但是,杏核在运动中容易掉落到桌子下面,这在规则中是不允许的。弹杏核也有比谁把杏核弹得高的,更高的一方可以赢得对方的杏核。玩这个游戏有要求,一般指定食指和中指弹出。

弹杏核曾流行多年,赢了杏核或许还能在家长面前邀功请赏呢。为何?旧时相对缺少新鲜蔬菜,特别到了冬天,家家户户离不开腌咸菜,而杏核内的杏仁恰是极好的美味。

顺便说说桌上弹球,这个小游戏并没有固定名称,只是大家约定俗成的一种叫法罢了。玩桌上弹球,需要一张较大的桌子,在桌子上的两条对应边钉上两个图钉,相当于球门。那么足球、球员呢?可以找几枚象棋子当球员,取一枚硬币当足球。在桌边两端,把象棋分成两组,硬币(足球)放在中间。开始,两个小孩轮流用棋子弹击硬币,看谁把硬币弹到对方球门里就算赢了。

拔老根儿

有些旧日游戏只是偶然发现而兴起的,并没有太多的实际意义,但孩子们却乐在其中。秋风扫落叶之时是玩拔老根儿的好日子,小孩专捡大片的老杨树叶,捋掉枯黄叶片只留多筋脉的、半干的叶柄,如此成为两个孩童相互较量的玩具——老根儿。两个孩子双手各捏紧一根老根儿的两端,将两根老根儿相互勾搭在一起,各自用力,老根儿被拉断的一方为输。

有的老根儿可以"御敌"众多而毫发无伤,它被小孩们尊为"宝根儿"。其中的秘诀除了植物自身因素外,主要是看孩子"闷制"老根儿的本事了。所谓"闷"就是把老根儿放在鞋坑里焐着,虽然味道难免有一丝酸臭,但如此而得的老根儿韧劲最强。

无论是捡还是闷,宝根儿来之不易。比如有的孩子玩拔老根儿,连折二三十根,情急之下,用一支花杆铅笔找同学换来宝根儿,随即大胜一场,之后继续塞在臭球鞋里,十天八天任凭它硌脚也舍不得丢掉。

筛子扣麻雀

天津人俗称麻雀叫"家雀（qiǎo音）儿"或"老家贼"。老话说家贼难防,麻雀总是偷吃农夫汗珠子砸脚面收获的粮食,所以很多大人不喜欢它们,在此影响下,小孩子也设法逮麻雀玩,看它们在笼子里犹如困兽。

支起筛子扣麻雀是好方法。在空地、树下用小棍支起筛子,筛子下撒些麦仁、米粒等,这对老家贼来说算是美食了。提前在支筛子的小棍上拴一绳子,孩子们牵着绳头躲到隐避处静待自投罗网者。不一会儿,筛子下面聚集了几只麻雀,这时,孩子迅速拉绳,麻雀便被扣在了筛子下面。

其实,冬天的雪后是扣麻雀的最好机会,又冷又饿的鸟儿无处寻食,远远望见谷粒就像疯了一样蜂拥而至,所以一下子扣个三五只是常有的事。扣住麻雀后最好别急着掀开,以防它们飞走。压住筛子左右移动,压住正在乱扑腾的麻雀的翅膀、爪子才好,或争取晃蒙它,方便捕捉。另外,随着夜幕降临,麻雀的视力急速下降,小孩子也会在晚间带着手电筒登梯爬高去掏麻雀窝。

玩冰溜子·看霜花·抽冰猴儿

玩 冰 溜 子

过去，淘气的男孩子没有他们不玩的，俗话说，那真是"猴屁股也要着(zháo)把手儿"。大冬天里玩冰溜子就有点这意思。

过去的矮平房多，不少住户又在门口搭一间小煤屋、小灶房，三九天，屋檐下随处可见冰溜子(冰挂)，它晶莹剔透，锋尖朝下倒挂在高处，映着明晃晃的光，透着一股股寒意。

小孩子踮踮脚尖就可以够到矮房上的冰溜子，但这样所获的冰溜子远不及大瓦房上的冰溜子大，于是他们便想法踩凳子、搬砖头、人驮人，登梯爬高去摘那些又大又尖的冰溜子。有的孩子聪明，索性找来长木棍或竹竿去够、去敲，但这样往往会摔断冰溜子，而且冰溜子尖朝下坠落也很危险。

孩子们不畏寒冷，费劲拿到冰溜子，他们握在手里玩，拿到眼前看，瞧着冰柱一点点融化滴水，趣味盎然。有的孩子还把冰溜子含在嘴里，龇牙咧嘴也乐呵。更有淘出圈儿的小孩举着长长的冰溜子当武器，来回刺杀、搏击，直到冰柱被打得粉碎才算罢休。

看 霜 花

北方的三九天，早晨很阴冷，加之屋里的炉火早已经熄灭，放寒假的孩子实在不愿起床，喜欢赖在还稍有热气的被窝里玩。趴在那儿，望着门窗，目不转睛地欣赏着玻璃上的冰凌花，一般也叫作霜花。

门窗上的霜花由冰霜结成，晶莹璀璨，闪着钻石般的光芒。有不少孩子喜欢看霜花，觉得其间似有热带丛林，似有海上巨浪，似有风雪路人……这些浑然天成的画，让孩子的脑海里充满无限的遐想与惊喜。起床了，他们还要近距离观察霜花，或是对着门窗发呆，或是用手指、用指甲去勾勒其中的线条与图案，但总是不得其法。面对大多数的败笔，就用嘴巴贴近玻璃，用口中热气化掉笔迹，就这样，好端端的一幅霜画便被毁掉了。大自然的鬼斧神工，在孩子幼小的心中种下了美丽和幻想的种子。

抽 冰 猴 儿

冬日里抽冰猴儿（陀螺）的游戏早在汉代就已见端倪，后来逐渐盛行。关于"猴子"为什么挨抽，坊间古有传言。说一个老汉带着黄狗和猴子到处卖艺为生，相依为命，但聪明的猴子慢慢有了歪心眼，经常偷偷吃光三份饭食并诬陷是黄狗所为。后来，事情败露，猴子溜掉了，老人一气之下用木头疙瘩做成一个陀螺，将它视为猴子，不仅把它冻在冰面上还不停地用鞭子抽打，以解怨恨。

冬季以外，孩子们也爱玩抽陀螺的游戏。孩子手持小鞭，把鞭绳绕在陀螺上，然后快速一拉，陀螺就在地上旋转起来，然后越抽越转，陀螺发出"嗡嗡"的响声。谁的陀螺转

五彩陀螺

打陀螺

的时间长就表示谁的能力最强。有人还在陀螺下尖处嵌入一粒钢珠,更利于飞转。陀螺大小各异,有径寸的,也有圆如面盆的巨无霸。

老游戏经久不衰,现在仍可见老年人在公园里玩陀螺,健身的同时兼有舒缓压力和宣泄情绪的作用,但现在的孩子们已经没兴趣玩这个了。

冰鞋·滑冰车·堆雪人·打雪仗

〖 冰 〗〖 鞋 〗

在河洼坑塘众多的老天津卫,跑冰鞋(跑凌鞋)素有传统,它类似今天的滑冰,许多青少年都爱一试身手。

清代光绪年间记录天津风物的书籍《津门杂记》中说:"跑凌鞋者,履下包以滑铁,游行冰上为戏,两足如飞,缓疾自如,纵横如意,不致倾跌。寓津洋人亦乐为之。藉以舒畅气血,甚妙。"文中所说,鞋下装置铁片,冰上滑行,有的外

1932年2月天津北宁公园举办溜冰活动

民国时期溜冰游戏在天津颇为盛行，很多时尚姑娘也热衷参与。图为天津机织印染总厂的商标

国人也以此为乐事。

民间的孩童更愿意踩上自制的冰鞋在冰雪上飞驰，他们的"冰鞋"其实就是木板条或竹片条，木板底下最好钉上铁丝，最好在顶端再拧上两个螺丝，可用来"刹车"。竹片条踩在一只脚下，另一只脚蹬地，这足以让大男孩充满活力。与此同时，各样冰鞋也在商店有售，但购买者寥寥。50年代初期，跑冰鞋依旧盛行于天津，有关部门还在人民公园的冰湖上组织过青少年冬季滑冰运动。

寒冬腊月里为了好玩，有不少在河边居住的男孩子踏上一块竹片，从家门口的河道冰面上一会儿就能滑到比较远的地方，虽然通身是汗，但快乐无比。

滑 冰 车

九河下梢的天津卫河流众多,老年间的道路与桥梁不发达,夏日里河中小船悠悠,冬日里冰上滑车飞速,非常便捷。冰床滑车是三九天的交通工具,早在《清稗类钞》中就有记载,但不知何时它被人复制了,其缩小版成为孩子乃至青年人冬天的玩具。昔时,海河、运河、子牙河的冰面上,公园的冰湖上四处可见撑冰排子玩的人,或独划或比赛或追逐,一派生龙活虎的景象。

所谓冰排子,是用几块木条或竹条拼接成"排子",在排子下安装两根三角铁(或粗铁丝),角铁单边触冰好似冰刀。冰排子不在大,能坐下一两个人即可。双手各握一根钢钎,用力向后撑,飞快向前滑。急停急转之时冰钎侧向或逆向点冰最能体现玩家的技巧。一个急转,冰钎尖戳擦出的冰凌碴四处飞溅,同时,冰排刀也在冰面上划出美妙的

老月份牌画上孩子们玩堆雪人的情景

弧线……

堆 雪 人 · 打 雪 仗

北方的孩子大多期盼雪，眷恋雪，让大人们一步一滑的冰雪却给孩子们带来了无尽的欢乐。大雪纷飞，屋里的孩子望着玻璃上的霜花已开始憧憬堆雪人、打雪仗的游戏了，甚至等不到雪完全消停，便忍不住奔向胡同或空场，银装素裹的大地一下子

打雪仗

成为嬉戏喧闹的海洋……雪人的胡萝卜大鼻子，黑煤球大眼睛，小扫帚长胳膊，无不充满童趣。有时找个破竹筐便可以或推或拉在雪地上滑着玩，筐里半蹲半坐着一个孩子，权当是辆小汽车了。

正在专心堆雪人的孩子突然被身后偷袭飞来的雪团打中，这自然会挑起"事端"，一场雪仗由此开战。最初，也许只是两三个孩子的小打小闹，往往一会儿工夫就不知从哪儿冒出了大部队来，形成"全民皆兵"的对攻。雪球飞掷好似炮弹，雪花漫天犹如硝烟……没人问是雪水还是汗水流进了脖颈，如雪后晴空一样爽朗的笑声无处不在。

过年放鞭炮

今天的孩子们对鞭炮没什么兴趣,过年时家里随俗放挂鞭炮,也都成了大人们要完成的"任务",殊不知在过去,过春节放鞭炮玩烟火可是孩子们最大的快乐。

那时的孩子兜里的零钱有限,不可能由着性子买烟花放小炮儿,但不要紧,孩子们可以满胡同满大街捡拾未燃的花炮玩。从大年三十的晚上开始,到处可见炮皮,里面一定有不少掉了引信或没有炸开的炮仗,捡来玩,可以照样听响。有的孩子把它一撅两半(因已透气,火药威力大减),点着,刺刺刺炮筒向外喷出火焰。也可以不完全撅折炮筒,由此形成"V"状,在断口露火药的地方再放上一个炮仗,先点燃折断的那个炮仗,见火药刺花,刺花又引响另一个炮仗,这玩法俗称"刺花带炮"。

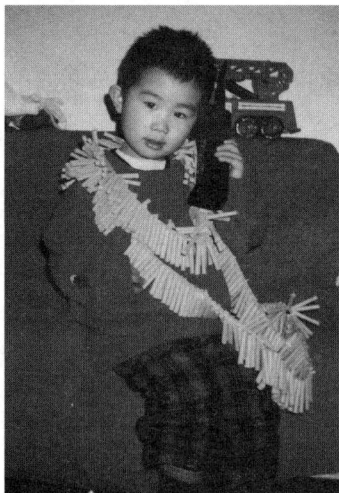

鞭炮是男孩子的最爱

把炮仗一个个地剥开，将火药集中在一起后引燃，这需要有点胆量的孩子来点火——瞬间闷声轰响，一团黑烟升腾，确有些惊心动魄。这种玩法比较危险，变通的办法是收集若干引信，连接起来成为导火线，再去引燃，或是用刺花的办法接连引燃。

玩 摔 炮 儿

过去的孩子们过大年乐趣很多，不仅可买小爆竹一个个燃放，还有砸炮儿、摔炮儿、"滴滴金儿"玩，真叫过瘾。砸炮儿现在不多见了，它实际上是像小手指甲大小的火药块，微微凸起，被贴在一张厚纸上，其上再蒙一层薄薄的软纸来粘实。一张纸上约有百余粒左右，卖价极廉。孩子们找一处较为硬实的地方，或找块砖头垫在下面，用锤子、砖头等一粒粒地砸，"啪啪"作响，清脆悦耳，煞是刺激。随着土质砸炮儿玩具枪的出现，小砸炮儿还派上了新用场。

摔炮儿好似砸炮儿的升级版，小贩有卖的，也有自制的，做法并不复杂。用两个柱状的小泥疙瘩，中间夹一个砸炮儿，再用废纸条加糨糊把这小三件儿卷起来，晾干或烘干(注意温度，以免自爆)。那小泥疙瘩有的还可以二次利用。后来，土产店或小贩也卖一种圆柱状的小纸包式样的摔炮儿，里面是火药与沙子的混合物。摔炮儿响声与砸炮儿大同小异，但一摔一砸的乐趣不一样。

闹花灯·自制探照灯

元宵节又叫灯节、上元节，节日期间，万人空巷，观灯会，猜灯谜，好不热闹。天津卫有个老例儿：当舅舅的要在灯节之际给小外甥送一盏花灯，最好是鸭子样的造型灯。"鸭子"谐音"押子"，祝福孩子健康平安。另有"外甥打

舞龙灯闹新春（民国时期商标画）

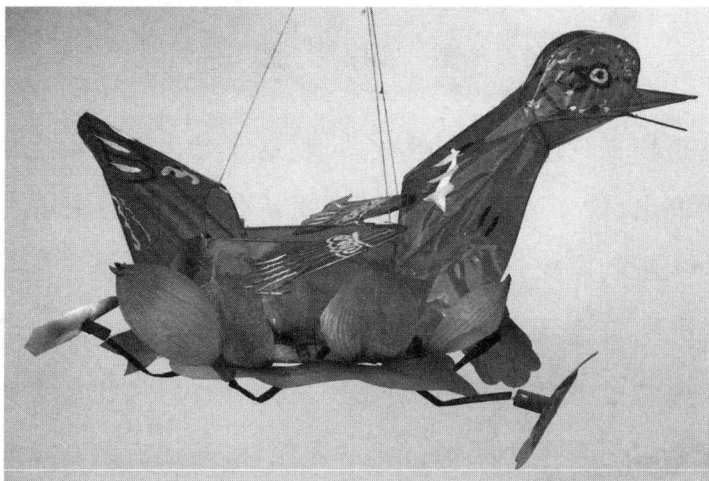
老天津最经典的鸭子灯

灯——照舅"的说法,意谓好日子照旧。

正月十五这天,天刚擦黑,才吃罢元宵的孩子们就打着灯笼跑到胡同里闹开了, 一帮一伙地招呼着玩伴,"打灯笼,烤手啦,你不出来我走啦……"老天津的花灯造型有金鱼灯、鸭子灯、蒺藜(吉利)灯、宫灯、转灯、风琴灯,花色繁多。

聚到一起的小孩儿围成圆圈,跳着,笑着,哼唱着迎春曲:"有打灯笼的快出来呀,没打灯笼的抱小孩呀,金鱼、拐子(鲤鱼)、大花篮呀。一大儿(注:大子儿,铜钱)一个灯,俩儿大儿一个灯呀,三大儿买个提拎灯啊。"火红的灯笼映着孩子们的脸颊,烛光与烟花闪亮灵动,欢声笑语间交织出童话般的美妙夜晚。

自制探照灯

童趣很少因贫富而厚此薄彼,这在老天津卫的生活中尤为突出,许多穷小孩同样能享受新春与灯节的快乐。

老年间家家户户不富裕,就算过年家里也难有闲钱给小孩儿买灯笼玩。在年与灯的诱惑下,孩子们从小就有办法——自己做灯。要想玩得开心得会鼓捣灯,比如在破旧搪瓷茶缸里点上小蜡烛,俗称"探照灯"。还有的孩子将蜡融化滴在一个烧透泛白的煤球上,再用点燃的蜡引亮。更简单的是用一滴蜡汁把小蜡烛粘在大拇指的指甲上,翘着指头玩。如此别出心裁的发明非常有趣,曾让不少小孩儿放弃了小蜡灯,自己鼓捣灯玩。

老式的四面玻璃小灯笼

"有打灯笼的快出来呀,没打灯笼的抱小孩呀,小钢、二宝你快出来呀……"唱响在胡同里的童谣很快能引出一帮一伙的孩子,聚到胡同里来玩灯,互相照,来回晃,追逐嬉戏,玩法花样百出。

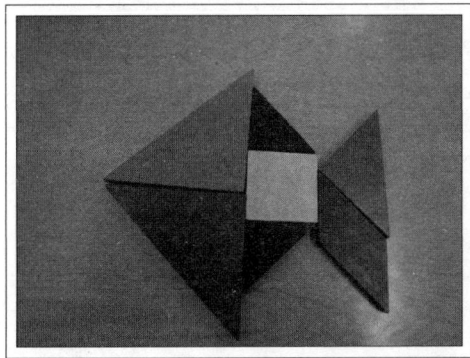

动脑子的游戏

积铁·积木

　　用各样小铁片、螺丝、滑轮、钢轴等搭建出不同模型的玩具,叫积铁玩具,或称建造模型,80后的孩子们或许记忆犹新。其实,这种玩具早在1898年左右已经发明,英国利物浦有个工匠叫弗兰克·霍恩比,他利用车间里的螺丝、螺母等零件随手给孩子做了个玩具。不久,他意识到了商机并申请了专利。

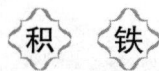

积　铁

　　20世纪初叶,欧美出现了积铁玩具生产商,此后积铁玩具逐渐风行开来。第二次世界大战后,钢材紧缺,积铁玩具开始走向衰落。民国时期的中国就已出现积铁玩具,据周海婴在《鲁迅与我七十年》中回忆,1932年,瞿秋白夫妇到鲁迅家里避难,当时曾送给周海婴一套类似的积铁玩具,鲁迅在日记中仿照"积木"之说称之为"积铁成象"。

　　积铁玩具套装一般附带构件列表、拼装步骤、参考模型照片、说明书等,特别附赠各样小工具。孩子们对照照片，慢慢可拼装组合出房子、汽车、飞机、公园、桥梁等模型。后来，高级版本的积铁玩具还包括马达、开关、遥控器等，模型构建的难度也越来越大，对青少年的动手能力与耐心、细心是一大考验。

〈积〉〈木〉

20世纪六七十年代，孩子们常会有一套小积木玩具，日子久了，积木上的油漆已然斑驳，但他们仍旧爱不释手，搭建小桥、门楼、小屋、小桌、小床等，反反复复，不厌其烦。积木搭好了，小孩子总会自我欣赏一番，有时候不慎碰了桌角，积木"哗啦啦"倒了，孩子还会大哭一场。

民国画片上搭积木的孩子

后来，"六面积木"出现了，也有人称其为"拼图积木"，小孩们很喜欢。这种积木由 9 块大小相同立方体组成，每个正方体有六个面，每面大小皆为一幅画的九分之一，即六个面六幅画。小朋友把积木按照正确的排列方式排好，就能组成一幅漂亮有趣的图画。图画呢？以小猫小狗、卡通人物为主。六面积木相对简单，适宜幼童，不同于现如今成百上千块的复杂拼图。虽然简单，但六面积木对开发幼儿智力及动手能力有突出效果，所以大多数幼儿园都为小朋友准备不少。

华容道·滑块拼图板·七巧板

华 容 道

赤壁大战中，曹操被刘备、孙权使出苦肉计、火烧连营被击溃，退逃至华容道，不想又遇上了诸葛亮的伏兵。关羽为报曹恩，明逼实让，帮助曹操逃出华容道……

经过巧妙设计，依照历史故事的情节，人们发明出滑块类游戏"华容道"。华容道是一个带有 20 个方格的棋盘，棋盘下方有一个出口，可供"曹操"逃走。棋盘上有大小不一的 10 个棋子，分别代表曹操、张飞、赵云、马超、黄忠、关羽，还有四个小卒。玩家要移动各个棋子，设法将"曹操"移到棋盘出口。游戏中争取用最少的步数，把"曹操"移出，而一夫当关的"关二爷"是最大的障碍，也是成败输赢的关键所在。另外，棋子中有 4 名"刘备帐下军兵"，它们较为灵活，容易对付，但关键时刻也有妙用。

华容道有几十种布阵方法，玩法很多，如"横刀立马""近在咫尺""过五关""水泄不通""小燕出巢"等，孩子大人

116

们玩起来其乐无穷。

滑 块 拼 图 板

"滑块拼图板"名称并不固定,智能拼图、智能拼板、移动拼图、移动拼板、魔方拼图等名称都被称呼过,流行于20世纪80年代。这种智能拼图用塑料制成,类似现在的手机大小, 一般是将拼图板内框中的一个方形图案分为9格(块)或15格(块)。至于图案,大多是孩子们当年喜欢的动漫卡通形象,如圣斗士、变形金刚等。重要的是,需要在右上角的位置额外设置出一个空格来,这样可方便各个小方块进出移动换位。

玩法很简单。先打乱画面图案,然后按照范例图(完整画面)自己动脑移动、组合方块,使其恢复原样。在玩的过程中,画面的绝大部分是容易拼组出来的,常见的难点是有二三小块的位置总是移动不妥,让人煞费脑筋。这正是考验耐心与智力的时候。有的孩子鼓捣半天也处理不好最后一两块,就气急败坏地抠出"最不听话"的一块,再按画面图案给拼装上去。

七 巧 板

家喻户晓的七巧板堪称古人智慧的结晶, 因此也叫"智慧板",它的历史可追溯到先秦的《周髀算经》,与勾股定理有一定关系。经过历史演变,由宋代的"宴几图"、明代的"蝶几图"发展到了清初叶的"七巧图",同时也成为皇宫内重要的娱乐玩具,故宫至今还有珍藏。七巧板很早就流传到国外,被称为"唐图",据说拿破仑被放逐后就常玩七巧板来消磨时光。

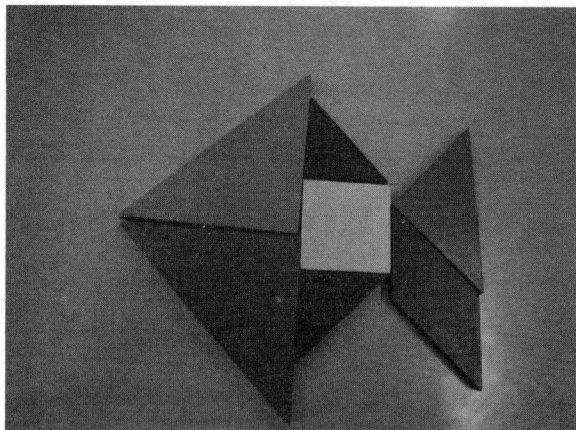

七巧板

七巧板中有长方形、平行四边形和三角形,聪明的孩童能津津有味地拼出很多种图案,如几何图、动物、建筑物、人物等,多副七巧板共用还可拼出情景来,蒙学育童,寓教于乐。民间应运而生了各种七巧板图谱,有些还结合图形配有解说词或歌谣。另外,清代还出现过十五巧板,更加千变万化。

自 1805 年欧洲出版《新编中国儿童谜解》以来,有关著述层出不穷,1978 年有位荷兰人编写的七巧板书籍中,搜罗了 1600 多种图形,此书非常畅销。七巧板可谓中国人智慧的结晶,如今七巧板、魔方等老玩具依旧风靡不衰,特别成为职场人士缓解压力或老年人健脑的妙物。

118

九连环·井字棋

〈九〉 〈连〉 〈环〉

　　智力玩具九连环很古老,明代的《丹铅总录》中说,民间曾用玉石来加工类似九连环的玩具,"两环互相贯为一,得其关捩,解之为二,又合而为一"。

　　民间以铜、铁材料来制作九连环,非常流行,妇孺皆宜。有关这一游戏的文学记载,最经典的要数《红楼梦》中林黛玉巧解九连环的情节。

　　九环相连,套在一个条形的横板或者各式各样的框架(柄)上。框架的造型有多样,如剑形的、如意形的、蝴蝶形的、梅花形的,等等。九个圆环相连成串,以解开为胜。青少年玩的时候,要花些心思使九环全部连贯在框架,或经过穿、套等办法全部解下它们。关于解法,多种多样,可分可合,变化多端。让人佩服的高手,经过81次上下,能将相连的九个环套在一条线上,再用256次将九个环全部解下。此外,有人还能将九连环套成花篮、绣球、宫灯等样式,益智又富于趣味。

井 字 棋

所谓井字棋是一种在 3×3 的格子上进行的连珠游戏，和五子棋类似。因棋盘不画边框，格线似"井"字，因此得名。二人玩，甲在格子里画"〇"，乙则画"✕"，谁最先在任意一条直线上成功连接三个标记算胜出。

玩井字棋简便易行，比如课间休息，两个孩子蹲在操场树荫下，捡个小树杈画上"井"字即可开玩。也可以用纸、笔，比如工作间歇，两个职员托出一张纸，草草画上格子就可较量。当一方的标记连通了，常常迅速在标记上"唰"的一下划过一条直线，"嘿嘿！成了！"有时，另一方还傻愣着："咦，咋这么快就输了呢？"当然，老玩家在游戏过程中会有技巧，比如阻挡法、分路径法、占据中心法、抢占空角法等。话说回来，胜败乃兵家常事，游戏、放松，是为了更好地学习与工作。这游戏貌似简单，但有研究者从理论上分析，此游戏大致有 19683 种现象、362880 种过程。还是见招拆招吧，毕竟是益智小游戏而已。

小鸟进笼子·烧蚂蚁

我们看到的影像消失后，眼中仍能继续保留图像 0.1 至 0.5 秒左右，这种现象被称为"视觉暂留"。古人睿智，很早就注意并发现了这一现象，传统的走马灯正是古人利用视觉暂留原理创造出的杰作。宋代已出现走马灯，当时叫"马骑灯"。

1828 年，有个法国人利用视觉暂留原理发明了留影盘，又称幻盘、魔术画片。它是一个正反两面画着不同图画的硬纸盘，当纸盘连续快速翻转时，眼睛还保留着刚过去的那个画面，但紧接着又一画面出现了，如此，人们看到的不是单独的场景，而是组合在一起的正反两面图画互融的状况。

若取一张硬纸板，剪成圆形或方形，安上个手柄（类似扇子），在一面画上一只鸟，另一面画个鸟笼子，当圆盘快速转动时，孩子们会惊奇地发现那小鸟好似进了笼子里，非常惊奇。老年间的庙会上，有的小贩自制出漂亮的留影盘,拿在手里转动着供孩子、大人们观瞧,挣点小钱。有的家长自己给孩子做个这小玩意儿,哄他们高兴。

烧 蚂 蚁

说不清是当年孩子闲空儿多,还是他们"鬼灵精",总之什么他们都能玩起来,而且玩得津津有味。墙角、树下的蚂蚁多,这也会引起他们的好奇与玩心,于是找来放大镜(凸透镜)聚光,玩起烧蚂蚁来。

用放大镜烧蚂蚁是利用物理学原理的游戏,也称得上是小小的物理实验。需要响晴薄日的好天气,用一个放大镜对着太阳,慢慢调整角度以及与蚂蚁的距离,少顷,地面上就会形成一个小亮点。再悉心细调角度,那光点越小亮度越高,极为耀眼,焦点的温度随之升高。将焦点对准蚂蚁,它们开始四处逃窜,孩子们就调整放大镜,使光点跟踪瞄准蚂蚁。在热量的迅速积聚下,蚂蚁再也爬不动了,它们被灼伤,慢慢蜷缩成一团,不时挣扎着抽搐几下。随即,一股烧焦的味道飘起……这有些惨烈的过程似乎还没让孩子们尽兴,他们又急火火地拿着放大镜去寻找更大些的毛毛虫了。有时,小孩也用此般原理引燃火柴头、烧煳小纸片等。

其实,长时间盯着那聚光白点很伤眼睛,况且这种小游戏实在有点残忍。如今,"放大镜烧蚂蚁"都成了电脑里的小游戏。

另外,在太阳地放几根火柴,小孩子找来凸透镜迎着强光,让聚光点落在火柴头儿上,一会儿火柴便自燃起来。小孩儿或许不了解其中的科学道理,也没有注意到会伤害眼睛的问题,只是觉得好玩罢了。

猜字·说仁字

猜　字

没想到一些老旧又有点"小儿科"的游戏，在时下的电视娱乐节目中会挺火爆，比如猜字游戏。其实这不过是帅哥靓女明星出场作秀、变换噱头罢了，可观众却被娱乐得神魂颠倒。

一个人写字一个人猜，写的人故意少写一笔二笔，只见字的雏形而已，要另一方来猜。猜字游戏从一个侧面可以增加孩子对文字的认知与记忆。还有一种玩法更有趣。两人一组，一个孩子说字形字义或做动作，让另一个孩子来猜。简单的如"春天来了，老黄牛在耕？"一下子答出"地"字来的同学很得意。这种猜法需要双方配合，一方识字量要多，反应要快；另一方对字的领会、表述乃至演示准确到位，否则一个动作会猜出好几个字来。为了莫衷一是的一个字，彼此往往争得面红耳赤。

有些孩子小时候还玩过用手指在后背写字猜字的游

在老天津英租界公园里玩耍的外国小孩

戏。在大伙基本都认识的前提下力争写出笔画多的字。猜者从第一笔就认真默记，但有时笔画太多，加上方向相反，自然免不了答非所写。有的孩子调皮，故意违规多写或少写一笔，让对方揣着谜团即使到了天黑也猜不中，而他却在一旁嘿嘿嘎笑。

说 仨 字

许多老游戏对锻炼孩子的机敏反应能力大有益处，比如小小孩玩的"说哪儿摸哪儿"，比如稍大一点儿的孩子玩的"说仨字"等。过去，家里都没有空调，夏日的晚间，孩子们都愿意跟妈妈到路边的旷地去乘凉，就地铺上凉席，几个小孩凑到一块儿便玩起来。假如一个人喊"鼻子"，对方就要迅速摸自己的鼻子；若喊"脚丫"，对方必须即刻摸脚丫。随着指令发出频率加快，摸的人反应难免会慢半拍，好了，服输，弹脑门儿吧。

有时看见一群孩子在疯跑，好像还大喊着什么，原来他们是在玩"说仨字"游戏。一个小孩当庄追五六个伙伴，谁若被追到触到，那么他就要上庄了。但是如果在将要被触到之时随便喊出三个字，同时在原地立定，则不算输。立定者可以等待他人跑来解救，然后继续参加游戏。具体喊什么词句随意，即兴而出，关键是反应要迅速，慢半拍也许就会被摸着了。个别的嘎小子顽皮，有时会有意无意地喊出"大坏蛋""小王八""我打你"等纯属占便宜的话，这虽气得庄家咬牙切齿，但又无奈，毕竟是三个字嘛。说者无恶意，听者也无所谓，这就是游戏，儿戏也。

移火柴棍·挑棍儿

摆放、挪移火柴棍的游戏很斯文，即便是孩子自己一个人也可以静静地在那里玩。摆火柴游戏的玩法很多，难易不同，早在民国时期已在孩子中间流行。

比如用 9 根火柴摆出 5 个同样的三角形，实为三个三角形的 3 条边互借以及大三角中套小三角的方法。还有用 12 根火柴摆出 6 个三角形的玩法，如果先摆出一个等边六边形就胜利在望了。更有趣的是火柴挪移带来的变化。比如 17 根火柴摆成 6 个方格子，假如要拿掉 6 根变成 2 个正方形，那么取哪几根呢？几个孩子一起玩，一般是知道答案的孩子会让其他人来摆，这个游戏有一定难度，如不得要领很难成功。还有，用 3 根或 4 根火柴棍架在茶杯口，这种玩法要通过火柴交叉搭架，规则是不允许火柴坠落。

挑　棍　儿

20世纪六七十年代的夏天,有些孩子没少在大街上捡冰棍棍儿,缘何?攒多了可以玩挑棍儿。找个伙伴,寻处阴凉,一大把小棍儿往地上一撒,开玩。彼此各持一根棍儿,在不得触碰其他棍儿的前提下,先要挑起最上面最易动的那一根,然后再仔细观察诸多小棍儿的位置以及交错情况,一根一根,循序渐进,切莫心急。如果触动了其他小棍儿就算失败,就该轮到对方挑了。

大同小异的游戏还有撒签儿。竹签是特制的,分为几种颜色,比如三个孩子玩时,将红黄蓝三色签子混在一起,撒开后,每人各挑自己事先选定的颜色签儿,不允许碰到别人的色签儿。为了在纵横交错的格局中觅得一个可挑动的角度、缝隙,小孩子甚至会趴在地上,或者将脸紧贴在桌边观察,挑棍游戏可以锻炼心静、观察力和手的稳准、灵巧。

石头剪子布

石头剪子布,天津人也称之为"锛铰裹",这是一种决胜手段或选择办法,类似古老的掷色子,是两个人单独玩的游戏。与此相近的还有"老虎棒子鸡""杠子鸡虫子"等玩法。

两个孩童相对,一手背后,一边思量,随着"锛铰裹"口令的发出,迅速出手并随这三字节奏振臂,迅速做出动作:拳头犹如锤;伸出食指与中指形似剪刀;巴掌张开借指包袱皮。锤子克剪刀,剪刀剪布,布又可包住锤子,三者互相制约,胜负立分,简洁明快。受天津话发音特点的影响,老游戏中的"锛"由一声变为四声,"铰"字转变为"巧"或"瞧"的发音。

也有小孩儿边唱歌谣边玩:"锛地锛,凿地凿,骑红马,过红桥,问问大关、小关(或,大官、小官)饶不饶?不饶别过桥(或,我再凿)。"其中的"大关、小关"乃天津地名,清代北门外、三岔口沿河一带设有收税的钞关。

至于其他叫法、玩法,如杠子打鸡、鸡吃虫子、虫子咬杠子等,也是循环制约。后来还演变出在地面上出脚的玩法,边跳边喊:"一米二米三,三一(幺)三,骑红马过江南,三面红旗迎风招展……"还颇有革命时代的特征。

那个年代的孩子们

翻　绳

　　古人称翻绳为"交线戏",《聊斋志异》中有"聊与君为交线之戏","愈出愈幻,不穷于术"的说法。翻绳在民间也叫"翻花""翻撑"或"挑绷绷",可谓培养孩子心灵手巧的上佳手段。

　　只需一根线在手,可一人玩,也可两人玩乃至多人一起玩。最常见最有趣的玩法是两人轮流翻,孩子们相互配合协作,通过手指的撑、钩、挑、翻、收、放等灵活精微的动作,每一翻都会呈现一个新花样,实在有趣。

　　万事开头难。初学翻绳的孩子往往在别人的指导或演说下,从简易到繁复,从模仿到创新,逐渐会翻出很多造型,如飞机、河流、大桥、小酒盏、钻石、织布机、高山、弓箭、乌龟、扇子等,精彩不断,有些随机的创新令人叹为观止。造型越新奇美观,小玩家手指动作也越复杂精巧,他们眼敏、脑灵、手准,手眼脑协调一致的能力日益提高。除了用绳翻图案之外,细绳还有二格梯、三格梯、四格梯等玩法,另外,"警察逮小偷"与"脱手铐"也颇有意趣。

斗橡皮·夹乒乓球

　　与现如今的孩子相比，不知是过去小孩闲暇时间更多、更无聊，还是那时的孩子更善于发现并创造游戏的机会，总让人觉得，过去孩子们的游戏玩法相对更多些。比如一块普普通通的文具橡皮，也可以"斗"上一番；比如用筷子夹乒乓球进行比赛。

斗 橡 皮

　　铅笔、橡皮伴随着孩子们的学习生活，无论贫富，每个人书包里都有一块。课间、放学，两个同学拿着各自的橡皮，在课桌上就玩起来了。至于橡皮的大小、形状倒没有特别的要求。先要"锛铰裹"定下谁先谁后，然后把自己的橡皮摆好，或侧摆，或平摆，只要双方认可就可以。接下来，双方轮流用手指按压自己的橡皮，注意要按橡皮的边角，用力要突然，目的是让橡皮前后滚动或弹跳起来。过程中，最好要促使自己的橡皮尽可能接近对方的那块，甚至压在其上。按压，前进，后退，躲闪，如此反复，一旦橡皮被压住，那

132

它的主人就是失败者了。

面对"斗橡皮"的常胜将军,有的孩子不免纳闷:他从哪里买的橡皮呢? 所以,不服输的孩子常会想方设法打听那块橡皮的出处,然后去购买"良将"。同学互传、跟风,有时弄得文具店对某种橡皮的热销很莫名其妙。

夹乒乓球

乒乓球蹦蹦跳跳真可爱,总能博得孩子们的喜欢。拍拍打打,弹来弹去,追逐找寻,一个"小精灵"常常会让他们玩上大半天也不腻。

幼儿园、小学校也常有用筷子夹乒乓球的小游戏。想夹住乒乓球就必须要稳,筷子和乒乓球之间的摩擦力尽量要大一些,这样,球才不会滑动。这游戏有助于锻炼小朋友的灵巧与细心。有的孩子心急,伸手拿一双筷子狠狠地去夹球,但一触,那小球便跑了,急得孩子直跺脚。这时,老师会告诉他们乒乓球又轻又滑,在找不准接触点的情况下,用力大了更不利于夹住。

能夹起乒乓球还不算太高的本领,还要看速度,游戏中常常设定 20 个乒乓球,夹住球放到指定位置,比谁夹球个数多、速度快。再有,夹着乒乓球跑也是一种娱乐,看谁夹得稳,中途不落球,还要跑得快。筷子夹豆子的游戏也可以这么玩。另外,在球上打个小孔,穿根细线进去,吊在离墙近一些的高处,小孩子可以练习打乒乓球的击球动作。

玩小镜子

　　女孩天生爱美,书包里喜欢揣个小镜子,按嘎小子的话说这叫"臭美"。也许是女孩照镜子时阳光反射刺到了哪个男孩的眼,偶然出现的这种情况一下子引发了男孩子的好奇心。"文革"结束后的几年间,孩子们曾疯玩过用小镜子反射阳光来对照对晃的游戏。

旧时的小镜子背面常有好看的花样

下课了,还没等老师走出教室门口,一道强光便映到了最后一排某同学的书本上,明晃晃的,让人睁不开眼。那个同学当然不甘示弱,从口袋里同样掏出个小镜子,找准阳光的方向反照过去。教室一下子嘈杂起来,不断有人加入其中,乱照乱映,从教室一直闹到操场上……似乎还不过瘾,个别淘气包甚至在课上也偷偷拿出小镜子,或挑衅同学或惊扰老师,弄得课堂大乱,非导致全班罚站逼他交出镜子才算罢休。

胡同里玩的这种游戏常常是连躲带藏的。一个小孩拿着镜子反光照射,其他孩子在一定范围内尽量隐藏好,以免被反射过来的光照到,谁若被照到就算输了。玩累了,一拨小子会静静地藏在大树后面,用反光照射大街上行走的路人,特别是穿漂亮衣服的大姑娘。人家被晃了一下,会听到不远处传来一阵嬉笑。

心灵与手巧的创造

滑石猴·丁老头儿·蒙眼画大脸

　　"滑石猴"、小黑板是老年间孩子们熟悉的东西。滑石,是一种常见的硅酸盐矿物质,它质地较软,并有滑腻的手感。

〈滑〉〈石〉〈猴〉

　　一小条滑石稍加打磨可成为"石笔",供小朋友们玩,

涂鸦画画是孩子的天性

或写字画画,这就是人们俗称的"滑石猴""滑猴""画猴"。为什么叫"猴"呢?早先有的石匠在加工石笔的时候花点心思,在小条石的上端雕琢出个小猴子造型,猴子盘腿抱胸,活灵活现,因此得名。

滑石猴很廉价,小文具店、小商贩有售。但再便宜也是要钱的,过去的孩子少有闲钱,所以他们搜罗来废纸、烂布头等,可以去找小贩换一两块滑石猴。小孩们常常人手一块滑石猴,揣在衣兜里,四处写写画画。男孩在地上下棋,用它画棋盘;女孩子玩"跳房子",用它画格子,另外,胡同的墙上、大院的铁门上、学校的厕所里随处可见滑石猴的涂鸦。当然,最正经的还是在小黑板上算算草、做习题。小孩最怕滑石猴摔在地上,因为很容易摔碎。

丁 老 头 儿

"丁老头儿"乃二三十年前游戏中的虚拟人物。小儿涂鸦、画画是天性,想来,当初发明画"丁老头儿"者也可谓聪明之人。

画丁老头儿时,嘴里要念叨着顺口溜儿口诀:有个丁老头儿(这时画出眉毛、鼻子),借我俩煤球儿(画眼睛),我说三天还呀(画脑门的三条皱纹),他说四天还(画嘴和牙齿)……我绕了一大圈呀(画头脸的圆圈),买了三根韭菜(画头发),花了三毛三(两个耳朵),买了一块豆腐(画身

140

体),花了八毛八(画左右胳膊和手),买了大糖堆儿呀(画衣服扣子),花了六毛六呀(画两条腿和脚)……

顺口溜儿实际上是指导、提示孩子绘画的步骤与相关的形象特征。有些孩子在玩的过程中根据自己的喜好,也会自编自演出多样版本的顺口溜,其中融入了他们喜闻乐见的形象元素,最终结果都是通过口诀画出一个老头儿来。小孩们还聚在一起比赛画画,于是,胡同的墙壁、地上到处可见各样憨态可掬、滑稽幽默的明星人物——丁老头儿,引人发笑。

蒙 眼 画 大 脸

这个游戏类似"画龙点睛",虽比较简单,但很有趣。老师先在黑板上画一个(或几个)大圆圈,参与游戏的孩子距离黑板不远,要对准那个圆圈的位置。接下来,他要被蒙上眼睛,然后走到近前,在圆圈里添画五官,最后画成一张张笑脸。

眼睛被蒙住,感觉也会有误差。同学们凭感觉慢慢摸到黑板近前,反复估计好位置,画眼睛,画鼻子,添耳朵。有的同学觉得画错了,赶紧用手擦掉,总希望自己的"盲画"会是最准确、最完美的……其实,在画的过程中,失误已然出现,甚至南辕北辙,乃至"越描越黑",搞得下面当看客的同学憋不住地笑。

画大脸游戏就是这么有趣。待解下布条一看，"哎呦！"
"哇——""唉！"种种惊叹与遗憾连连不断。只见，有的是五
官挤在了一边，有的是五官大的大、小的小，更有的是五官
都飞到脸外去了，因此常常会引来哄堂大笑。出丑，便是这
个游戏的乐趣与好玩之处。个别孩子也可能画得很端正，
却常被同学们怀疑是不是偷看了还是蒙眼布系松了。

高粱秆做玩具

秸秆包括高粱秆、麦秆、芦苇秆等,用它们制作小玩具是民间传统技艺。特别是高粱秆,更是用途广泛,比如炕上铺的炕席、扫炕扫地的笤帚、摆饺子用的排盖儿等。几十年前城市中也随处可见高粱秆,它也是孩子们的好玩具。

孩子们做高粱秆玩具,想象力无师自通,通过截切、剥皮、切条、插接、粘合等手法,总能鼓捣出小玩具来。比如,将高粱秆中间部分(两端留2厘米左右)劈成8份或10份的样

民间手工制作的麻草玩具

子,再慢慢去掉内里的芯,最后两端一压,这就成了一盏小灯笼。最有趣、最好玩的是做小眼镜。取一段高粱秆,剥去皮,再把白白的高粱秆芯截成一些小段。做镜框时,用两条等长的高粱秆皮与两小段高粱秆芯连成一个圆,再把两个圆连起来就是一个眼镜框,然后安装上眼镜腿儿。戴上这眼镜,样子像个老学究。用高粱秆还可以做成小桌子、小椅子、蝈蝈笼子、小手枪、小雨伞等。巧手巧心思便换来无穷的乐趣。

老游戏亲近自然,取材天然,小孩们有时还会在大人的指导下用苇子叶编小马、小虫、小老鼠等,用水草秆编出蝈蝈笼子、螳螂等。

如今,城市周边乡村日趋被城市化,城里的孩子再难见到麦秆、高粱秆了,至于用这些乡土材料制作的小玩具,现在的小孩更是难以想象。天津的麦秸玩具兴起于20世纪初,芦北口、大寺等地的农民手艺最知名。巧手艺人用染色的麦秆可编出鸡、鸭、狗、猫、小兔子等家禽家畜,还可编出花篮、小鱼、小房子等造型,风格朴实,形象丰富,色彩艳丽。物美价廉的麦秆玩具深得儿童喜爱。

无须花钱,自己动手插接拼合高粱秆玩具也让孩子们着迷。小心剥去高粱秆那光亮的外皮,露出白白的秆芯。部分秆皮还要一点点劈成韭菜叶宽的细条备用。少年心灵手巧,造型随心而生。比如做小桌子,先截取十根八根六七厘米长的秆芯,用一小节一小节的秆皮细条当榫钉,将根根秆芯连接成一片，当作桌面，再用同样的方法为桌面装上四条腿以及横掌。通过拼插组合，白龙马、小灯笼、小飞机等各种各样的玩具在孩子们手中诞生，兴致高了也许还会为它们染上些颜色。

自制的小飞机

画手表·玩照相·拍图样·贴印花

手表、自行车、缝纫机、收音机，老话俗称为"三转一响"，这在四五十年前足称得上是"小康"的标志。戴上一块手表，曾是多少人的梦想啊！

画 手 表

小孩子总爱模仿成人的举动，但在那个时候小孩戴表如同痴人说梦。得不到真家伙，总挡不住孩子们梦想吧，于是他们玩起了在手腕上画小手表的游戏。有时是要求爸爸、妈妈给他画，有时是同学们互相画，甚至自己画。手表画好了，大人会逗孩子："看看几点啦？"小朋友之间也经常游戏互问："几点啦？"这时，"戴手表"的孩子总是煞有介事地抬起胳膊，仔细看看手腕，告诉对方"现在8点了"。

胡同里的小子们常玩这游戏，有的孩子"贪富"，画了一块表还嫌不够，干脆胡乱画了满满一胳膊，大的小的，方的圆的，红的蓝的，撸起袖管来吓人一跳，也引人发笑。孩子们也用厚纸片做纸手表，表盘、表带一应俱全，犹如真品。后来,彩色塑料小手表出现了,色彩鲜艳很好看,小孩们也愿意戴着玩。

〈玩〉〈照〉〈相〉

三四十年前,许多家庭一年到头也进不了一次照相馆。孩子们对照相颇感神秘和向往,有的小孩看到摄影师钻进好似大木箱的照相机背后黑漆漆的布帘里,常常会吓得哭出声来,但他们平常爱玩纸叠的"照相机"。

这种"照相机"实际上是几个方形小纸包的组合。提前在一个正向的纸包里画出个头像,要尽量笑眯眯漂亮些。纸包下部粘连个小纸条,充当快门线。小"摄影师"看到同学走过来便问:"给你照个相吗?"然后一拉纸条,"相机"门帘打开,露出了笑眯眯的"照片"。还不忘补上一句:"明天

简易的玩具照相机给孩子们带来极大的快乐

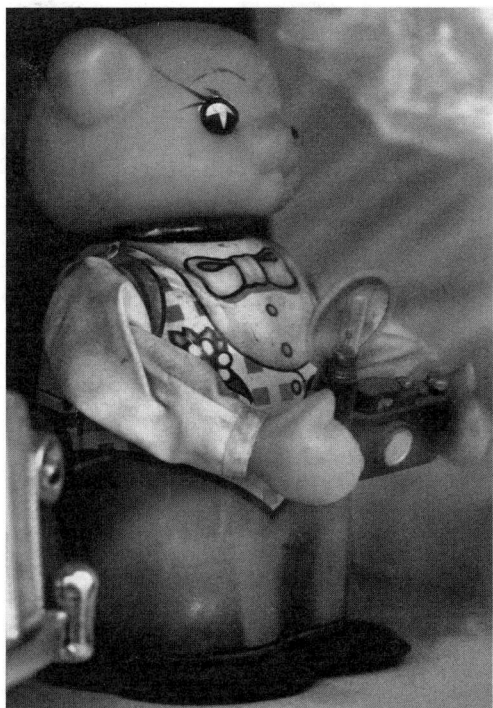

曾经很时髦的小熊照相
玩具

取相片,哈哈。"所谓"相片"千人一面,权且逗笑好玩罢了。
不过,孩子们真的可以自制图片玩。过去的玩具摊上出售
小张相纸、小玻璃片、遮光图样等,结合感光原理,专供小
孩儿玩"洗相片"。用小玻璃片夹好相纸和图样(常见《三国
演义》《水浒传》人物剪影或刻纸),晒一会儿再冲洗一下就
成为好看的画片了。

拍 图 样 · 贴 印 花

往年生活拮据,小孩玩的是零花费或者极廉价的游
戏,比如对着白墙自己演手影,比如叠个四角小纸帽插在

148

手指上玩"东南西北",比如用没人要的韭菜莛编扎宝塔笼子。

三四十年前,小孩也经常玩"拍图样"游戏。在白纸中心先画出一朵花、一只鸭子或一架飞机等图形,然后用针沿着轮廓线扎出小孔,再以图案处为正面,折叠成小纸包,纸包里灌上一些粉笔末(也可依图案来选择颜色)。玩时,纸包握在手心里,纸包有图案的一面朝外,然后往自己、往别人的手臂上或衣服上(深色最好)上一拍,图样便显现出来了。有的孩子淘气,将小乌龟的图样到处乱拍,常常引来别人的不快。

二十多年前,小孩子们又开始玩起一种名叫"水贴"或"贴花"的转印花纸。在皮肤上抹点水,贴上一小张贴花,然后揭下背纸,图案就附在了皮肤上,有点像古老的文身。转印花纸的图案从最初的花草、动物等发展到后来的猛龙怪兽、变形金刚,真是五花八门。贴着印花,对着电视屏幕打"任天堂"卡带游戏,是 80 后快乐成长的记忆。

编柳条帽·编韭菜莛

◇编◇ ◇柳◇ ◇条◇ ◇帽◇

这是 20 世纪 70 年代中期的事。彩色木偶片《小八路》曾给观众留下深刻印象。故事发生在华北抗日根据地枣林村,小八路——儿童团团长虎子积极参加抗日活动。看了这个电影,许多男孩都非常喜欢小八路头上戴的柳枝帽子。

解放军用柳枝编帽子,是孩子们模仿的榜样

150

孩提时代的游戏丰富多彩,且总能亲近大自然。春天来了,柳丝吐绿,孩子们就折下柳条戏耍。折柳枝还有一个重要任务——编帽子。柳条柔韧,方便编,编好以后还要在周边插上几条柳枝。

当孩子们戴上柳条帽时,感觉自己俨然成了小八路、侦察兵,顽皮地模仿着电影里小八路的样子。他们腰扎皮带,腰间别个小木枪、小弹弓,手里拿着红缨枪、竹竿、麻秆之类的"武器",好勇敢,好神气,好威武。孩子们相互比试,打来打去,甚至匍匐前进,一边向前还一边用柳枝帽遮挡着自己的小脸,生怕被"敌人"发现。

编 韭 菜 莛

韭菜薹,天津人俗称"香莛"。薹,即韭菜、大蒜、油菜等长出的花莛。当韭菜生长到一定阶段,中央部分便长出细长的茎,顶上开花结果。嫩香莛可做菜、做馅,味道清香。那较老的韭菜莛,则成为旧时小孩子的玩意儿。

昔日里鲜菜少,三伏天极便宜的老韭菜夹着老莛也有人卖、有人买,择出韭菜叶勉强可以充当一顿菜。那时候的孩子们常被家长支使得团团转,打酱油、扫地、刷碗、择韭菜、剥葱剥蒜,没少忙活。孩子帮妈妈择完菜,收起一把韭菜莛便到旁边树荫下玩去了。儿童玩乐往往是无师自通的,一看就会。比如编箩筐,通过穿插、折叠、归拢等"技术

手段"，韭菜莛一根接一根在孩子们手中一会儿就被编成
了小筐子、小盒子等。当然，最好看的要数亭子、宝塔、火
把之类的造型。宝塔里还是空的，可放进去蝈蝈或蚂蚱。
韭菜莛宝塔一般都留有长长的手柄，小孩举着它可以一
边听蝈蝈鸣叫一边到处跑。家里的韭菜莛毕竟有限，为了
玩，为了编出更多的"作品"，有的孩子还常跑到菜店门口
去捡拾。

包书皮·做书签

包 书 皮

说起包书皮,阴丹士林布在 20 世纪 30 年代曾向学生免费赠送书皮纸,意在广告宣传。书皮纸的图画内容大致是同学们穿着整齐划一的校服在上课。图画大小恰与 32

民国时期阴丹士林布
推出的广告书皮纸

153

开书本的尺寸吻合。通过书皮上的广告,告诉孩子"大家都喜欢阴丹士林牌学生蓝布"。

新学期开学包书皮,这对过去的孩子们来说可是一件大事,关乎爱书之情,关乎学习态度。小孩子爱包书皮,几个人凑在一起,边看新课文边裁纸,也算一种快乐。

大家常用的书皮纸不外乎牛皮纸、挂历纸、画报纸之类的厚纸,文具店里也有卖较高档的淡粉色、天蓝色的包装纸,但一般家庭是舍不得给孩子花这份钱的,废物利用才是艰苦朴素的生活。那时候,上述"好纸"并不随处可见,所以有的学生家里日常特别注意给孩子积攒厚纸,等开学前后派上用场。有个别孩子确实搞不来厚纸,只好找人借,或者干脆用旧报纸包书皮。

有的女同学手巧,她们包出的书皮总是方正规矩,而男孩子心不在焉,包出的总是歪歪扭扭,像个邋遢兵。如今塑料书皮大行其道,一插即得,但乐趣没了。

做 书 签

早年间的中小学生大多会自制树叶书签,曾风行一时。学校美术兴趣小组的老师也指导学生做书签。同学们捡来样子漂亮、外形完好的树叶做准备,制作时,把树叶放在装有土碱或石灰水的小容器里,加热煮沸 10 分钟左右,然后取出树叶平放在石板上,用牙刷蘸水轻轻地刷去树叶的表皮、叶肉。接下来用清水洗净树叶,这样,树叶上的网状叶脉便呈现在眼前了。那叶脉纹理变化万千,永不重复,非常有趣,这也是吸引少年儿童的重要因素。

将只剩下叶脉的树叶,平放(或夹)在毛纸、宣纸上,让纸尽可能地吸收水分,待叶片干了,书签就基本做好了。有的孩子还会把叶片放进颜色(染料)水里浸泡,让它们上色,会更漂亮。有的孩子喜欢画画,会在叶片上小试笔墨。在叶柄上还可以系上彩色细丝带,一枚精致的书签就大功告成了。日常学习,书中的一枚书签能增加意趣。也可以赠给老师或同窗交换,堪称真挚情谊的纪念。

剪纸·画幻灯

剪 纸

　　剪纸是古老的民间艺术,一直被民众喜爱。如今,它已成为需要我们珍视的文化遗产,除了新春装饰、乡野庙会,它几乎就要和我们,特别是现在的孩子们说再见了。

　　旧时,剪花纸可是女孩子们的拿手好戏。她们心细如发,乖巧聪明,五颜六色的电光纸映着那白嫩嫩的小手,对

20世纪50年代孩子们刻的剪纸

156

老年间的剪纸样稿

折,对折,再对折,小小的剪刀、刻刀运用自如,各种花样妙随心生。花鸟鱼虫,山水楼阁,八仙过海,一幅幅呈现在眼前。大多数男孩子总不得要领,只有傻看的份儿。

有的女孩还喜欢刻花纸。一张电光纸,彩色面朝下,纸下垫上一幅成品剪纸,然后在纸面上(即电光纸背面)用铅笔稍稍用些力涂抹一番,这样,那成品剪纸的轮廓就会黑白分明地显现在纸面上了。再用刻纸刀或削铅笔刀、剃须刀片之类的刀具将空白部分一点点刻掉,漂亮的剪纸就这样被克隆好了。剪纸、刻纸被孩子们悉心夹在书本里珍藏起来,小姐妹们一有时间就拿出来相互观摩,相互学习。

画 幻 灯

20世纪六七十年代,电视机还没普及,看电影也尚属高消费,所以很多人愿意看幻灯,尤其青少年更喜欢看。幻灯,在那段岁月中发挥的宣传作用不可小觑。

鉴于物质生活条件匮乏,绝大部分家长不会出钱专门买玩具,但这难不倒孩子们,他们动手能力很强,许多东西都能自己制作,比如自己画幻灯片。当时,《怎样画幻灯片》之类的小书容易买到,成为孩子们边学边玩的重要参考。最初,幻灯片是玻璃的,这一基础材料常是家长找人代加工来的。中小学生绘制幻灯片用红墨水、蓝墨水的钢笔在玻璃上直接勾画,画好了图样还要填颜色,颜色使用的是照片修版用的透明水彩(色块)。至于故事、图画资料来源,除了旧书旧报、儿童读物外,还有专门的描摹图册可以买到,直接把玻璃敷在画面上描画即可。因为是画在玻璃上的,若不满意可随时洗掉。

再说幻灯机。那时候有不少手巧的家长能帮孩子制作,《简易幻灯机制作》等科普书也可提供较大帮助。有了机器就可以在家里放自己画的幻灯片了,光影投到白墙上,自己当解说,真是件很快乐的事。

竹蜻蜓·纸飞机

古人素有飞行梦想,与之相关的玩具竹蜻蜓早在两晋时代就已飞翔在空中了,葛洪在《抱朴子》中也有"用枣心木为飞车"的记载。此"飞车"便是竹蜻蜓的雏形。这"古董"玩具大致在 18 世纪传入欧洲,莱特兄弟从仿制竹蜻蜓开始,进而发明了飞机。

二三十年前仍可见到孩子们捻转竹蜻蜓放飞。竹蜻蜓侧面看去形如"T",横向的桨片或竹或木,纵向的手柄,若图简便找根筷子即可。小孩子大多会自制竹蜻蜓,桨叶先要取平磨光,然后在同距左右削出微微的折角。叶片中间打孔,插紧竹棍为手柄。双手合掌夹住手柄,挫转几圈再猛劲松手并向

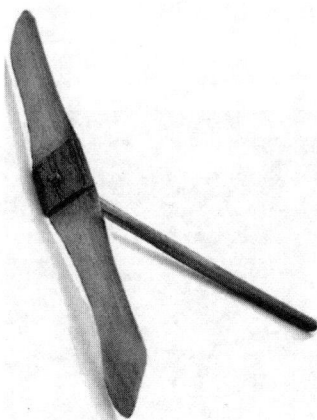

竹蜻蜓

前送出竹蜻蜓,它便在空中旋转飞起,顿生轻盈美妙之感。经过无数人的实践,桨叶竹片六七厘米长,二厘米宽,折角角度在 18°左右时,飞行的高度与时间效果相对最佳。

少年们在制作过程中常遇到竹蜻蜓飞起来摇摆发抖的问题,这时需要用小刀悉心削修桨片,直到桨片左右重量基本一致为止。有的孩子干脆就叫它"直升飞机",望着一个个竹蜻蜓在操场上飞升,孩子们很有成就感。

纸 飞 机

几乎每个人童年都有过飞翔的梦想,孩子们或是仰望着蓝天上的大飞机,或是放飞着自己折叠的纸飞机。很简单,随便一张纸,三折两折便成了小飞机。掷出放飞之前,有的孩子还习惯用嘴对着飞机尖头哈上一口气。这常见的预备动作到底是为什么呢?加油鼓劲还是有助平衡?不得而知。当然,大家一起玩纸飞机最有趣,可以比比谁的飞机叠得漂亮,谁的飞机飞得更稳更远更轻飘。课间休

漂亮的玩具小飞机

小孩子爱玩飞机玩具，也想象着全家遨游天空的情景（民国时期阴丹士林布连环画广告之一）

息，看教室里、操场上到处是纸飞机划出的美丽弧线。再瞧树上、房上到处坠落着纸飞机。那时候折纸玩具不算少，像小船、小鸟、小狗、小皮球之类，但哪一样也比不上纸飞机的魅力大。

有的孩子悉心制作出两翼呈流线上翘样子的纸飞机，飞起来又稳又高，常常会博得同学们的夸赞。上课时，某个悄悄掷出纸飞机，引发大家嬉笑，定要遭到老师的批评。那时，很多少年儿童望着空中飞翔的飞机，总巴望着自己能坐上飞机。

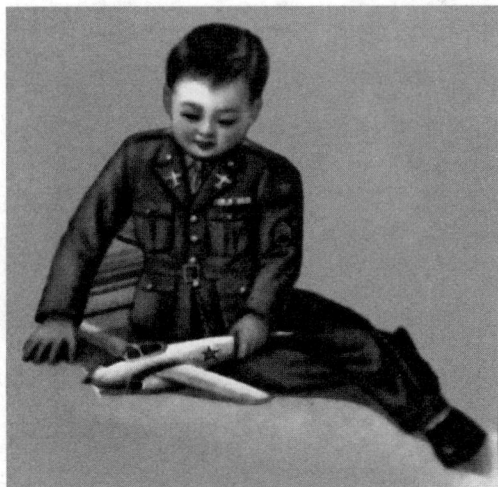

老广告画上玩飞机的孩子

折纸游戏

过去的儿童玩具品种不多,家长也没有太多闲钱给孩子购买。清苦并不能磨灭童心,普普通通的一张白纸,通过灵心巧手的"创造"也会给孩童们带来快乐,叠动物、叠方宝、叠三角、叠飞机、叠风车,孩子们玩起来喜笑颜开。

东 南 西 北

小孩子爱玩折纸,有些孩子最着迷的是"东西南北",随时随地找出张纸来一叠就玩得很乐和。折叠出一个"东西南北"的大致过程是:需要一张正方形的纸,上下左右对折,展开后见纸面有了十字线。再将四个角折向十字交叉中心点,这样便形成了一个新的四方形。接下来,反转四方形,再次将

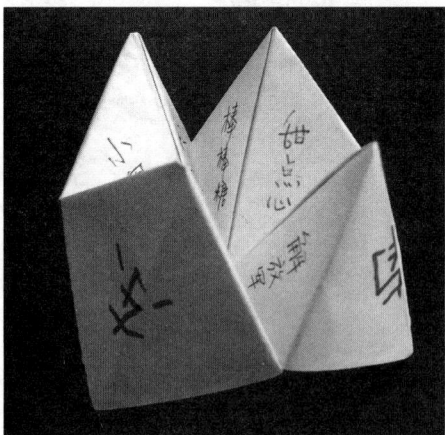

"东南西北"折纸

162

四个角折向中心，又形成一个新的四方形。反过来，可见四瓣纸片，每只手的两个手指插入瓣片的内窝，四个尖角可聚于一点。接下来有趣，在那四瓣纸片上分别写上"东、西、南、北"字样。注意，在每个方位对应的内侧都有两瓣纸面(相对的两个三角形)，即八个面。孩子们可在每个面上随意写点什么，比如"大坏蛋""三好生""大军官""讨饭的""孙悟空""猪八戒"等。这样，"东南西北"就做好了。

手指插入纸片内窝，"东南西北"开合自如，玩时，主持者要先把它合起来，让一个孩子(或大家)自报所要的方位，以及开合的次数，如"要北，三下"，主持人就将它开合三次，然后看"北"的里侧写着什么，并把答案告诉对方。结果好坏不一，得意扬扬与垂头丧气总是相对的运气。

纸 船

很多孩子热衷叠纸船玩。选择不太吸水的纸张(铜版纸最佳)，小孩子双手翻飞，三两分钟就能"点化"出一艘小船来，一般是乌篷船的样子或舰船的造型。有趣的是，在舰船的中峰上还可以插上用纸条搓成的小桅杆，另要在船身

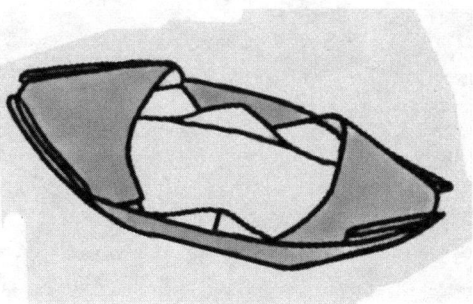

小纸船

上画上铁锚、瞭望孔等。用报纸叠的大船一般不适宜下水，因为吸水快易沉没。

有些孩子叠好小船，除了在水盆里自娱自乐外，经常会一帮一伙地跑到不远处的小河边，将大小舰船轻轻放到水面，看着它们慢慢漂浮前行，好像威武的舰队。直望到只能看见点点船影了，他们依旧恋恋不舍。

纸　青　蛙

手工课也好，闲情生活也罢，从简单轻盈的纸飞机到栩栩如生的纸螃蟹，孩子们用灵巧的小手能折叠出各种动物、花草，乃至人物、军备、房舍等，大有点石成金的意趣。

叠小青蛙，若是用绿色纸叠成会更加活灵活现。纸青

民国时期烟草广告

164

蛙昂着头,你轻轻一按它的后尾,它便蹦跳着向前蹿,因此也成了孩子们竞技的玩具。课桌的左右两边被设为起跑线与终点线,玩法一:两个孩子分别按压自己的青蛙,看谁的青蛙蹦得高跳得远先到终点;玩法二:青蛙同在起跑线上,二人各自吹动自己的青蛙,看哪只青蛙抢先触线。不过,行进途中的青蛙,必须保持直线跑,若歪斜或翻个儿则要回到起点重新开始。

做纸花·叠菠萝·编金鱼·卷帘子珠

做 纸 花

如果说折纸是门艺术，过去的孩子们特别是女孩子都能称得上是小小艺术家。一小张白纸或彩纸在女孩们手里大多会点石成金，妙手生"花"，玫瑰花、百合花、牵牛花、山菊花，以及各式各样的无名花草都能在她们手下创

纸花玩具

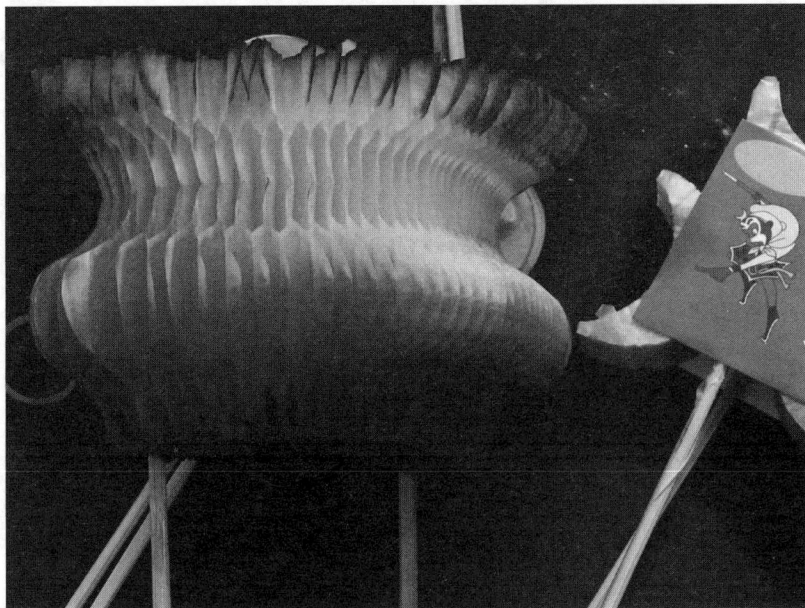

民间手工制作的纸花

造出来。

说到制作纸花,为了增加花瓣的皱纹与效果,小孩子有时会把纸条缠到铅笔杆上,然后推挤纸条成为皱纹纸,做出来的花瓣活灵活现。特别是在 1976 年悼念毛泽东主席的日子里,在每年清明祭扫先烈的活动中,无数小白纸花表达哀思的同时,也展示着少年们的才艺。

叠 菠 萝

孩子与妈妈的巧手,更可在叠菠萝、叠手枪的闲情中得以体现。20 世纪五六十年代,第二版人民币中的一分、二分、五分纸币大量流通,一分钱的票面是土黄色的,上面画着汽车;二分钱是蓝色的,上面画着飞机;五分钱是绿色的,上面画着轮船。大人或孩子将张张一分币叠成个个三角块,再用成百上千个插接成纸艺菠萝,成品逼真漂亮。男孩还会用五分的、二分的(或普通硬纸块)按此法做出军舰、手枪、皮带等玩意儿。而这些立体逼真的"作品",可能是小孩子三两年的压岁钱。

编 金 鱼

电影《山楂树之恋》讲述了20世纪70年代初一个纯真感人的爱情故事。影片中,静秋亲手编了一个小金鱼送给老三,可爱的小金鱼见证了他们的爱情,让很多观众落泪。

那个时候,女孩子们扎辫子常用细细的彩色透明塑胶头绳(稍有弹性),天津人俗称"电线头绳"。妈妈们心灵手巧,会用这头绳编出漂亮的小鱼,与电影中的那个十分相像。孩子跟妈妈学,串线走线,不急不躁,母女俩在灯下一同打发着闲暇时光。一个小孩学会了,往往会教授其他孩子一起编一起玩。

除了小金鱼,还可编出大虾、小公鸡,乃至茶杯垫、茶杯套等。小金鱼、大虾之类的可以平时拿着玩,也可以做成钥匙挂坠,灵动漂亮,招人喜爱。在一个搪瓷杯或玻璃杯外面套上精细的"电线头绳"杯套,在当年也可谓时髦了,且能用上十年八年的时间。另外,还有人通过关系从医院里找来废旧输液胶管,用它编出更大的工艺品。

卷 帘 子 珠

过去居住环境以平房为主,苍蝇、蚊子多,到了夏天家家户户必挂门帘子。早先街边有手艺人专门干打竹帘子的活计,一些家长自己也会打帘子。改革开放后,文化生活日新月异,港台美女明星、洋房名车的各种彩印挂历流行起来,到了岁末,再美的挂历也成了废品,有人"变废为宝",用它卷帘子珠。

帮妈妈卷帘子珠也是女孩子们边干边玩的过程。

东拼西凑备足挂历纸,接下来就是裁纸、搓帘子珠、连接等琐碎工序。这时,心灵手巧的女孩绝对是妈妈的好帮手。小孩子先把旧挂历裁成细长细长的三角形,再把纸条搓卷在曲别针上,做成一个个的帘子珠。还要为帘子珠两端露出的曲别针做个S形的弯钩,若干个帘子珠再连接成一串串的,这样,一面门帘就快要大功告成了。有时,女孩也会招呼其他同学来帮忙卷,大家有说有笑不停手,会大大加快完成速度。

由于把挂历纸的彩色面朝外,所以帘子挂起来五彩缤纷非常漂亮,小女孩看到自己的劳动果实当然喜不自禁。

扣泥模子·摔泥锅

◇ 扣 ◇ 泥 ◇ 模 ◇ 子 ◇

泥模是我国古老的民间艺术,旧年月,天津不仅拥有"刻砖刘"那样的著名艺人,城郊也有多家砖窑烧制成品泥模。小小的泥模画面内容丰富,举凡传统故事、古典人物、风景名胜、花鸟鱼虫、吉祥图案等无所不包。早年的小玩具摊或串胡同的小贩都有售卖。

泥模子

孩童都有泥土情结。过去的孩子们有时会跑到很远的地方去寻找上好的胶泥,然后和好摔熟,凑到一起玩扣泥模子。取一小块泥巴压在模子中,轻轻按实,再往外一扣,一个带有清晰图案的泥饼就好了。孩子们会相互欣赏点评图样,也许会引出"刘关张"故事的一通白话,可谓寓教于乐。

那时冬天,有的男孩子在临睡前常将一些晾干的泥模饼让妈妈给放到火炉膛口边,泥模在转天清晨就烧成了红砖样。往往,某个男孩还在被窝里就迫不及待地让妈妈取出泥模来一看究竟。像这样烧好的品相好的红泥模有时可以去找小贩换把鞋刷子,或找其他孩子换些旧纸补贴日用。

摔 泥 锅

爱玩泥是孩子的天性,或许只有童心才能更真切地感知泥土中的秘密。孩子们喜欢玩黏性大的黄胶泥,女孩子可以塑出小猫小狗泥房子, 男孩则捏出坦克大炮战斗机,心爱的作品还可以充当过家家游戏中的道具,请小伙伴一同赏玩。

高级的玩法要讲究些,找来光滑的竹片,或拿出用锯条磨好的小片刀,先是塑出大致轮廓,待泥模型半干时再精雕细琢,比如坦克的履带、汽车的轮胎等的纹路皆能一一呈现。造型过程中,有些连接之处就用火柴棍或小树枝来完成。或许,老游戏能孕育出杰出的雕塑家。

男孩更喜欢玩"补锅儿"。所谓的"锅"是用软硬适度的泥捏出的一个四周有直立边的平底碟或平底锅样子的小模型。玩时，泥锅正着托在掌中，反手使劲将锅扣向地面，让它锅底朝天。"啪"的一声，在空气作用力下，锅底炸裂露出洞来，那软泥经常会溅到小孩脸上。这时，按照二人或两队事前约定的先后，一方给另一方用泥来修补锅底的洞。

锅做得越好，摔得越有技巧，窟窿就会越大，所赢得的泥巴当然越多。这样一来二去，其中一方有时会输光泥巴。其实，制泥锅并非以大为好，往往大锅摔下去一点儿反应都没有。其中的奥妙，全凭少年不断摸索，无师自通。老游戏的魅力恰在于此。

做洋火枪·玩枪战

电影《平原游击队》上映于 20 世纪 50 年代中期,片中主角李向阳手持两把盒子枪威风八面,让日军闻风丧胆,是家喻户晓的大英雄。那两把神枪实在让无数青少年着迷,特别是男孩子们都渴望有一把属于自己的"手枪"。

做 洋 火 枪

不知是哪位高人率先研究、制作出了玩具洋火枪(链条枪),这项专属男孩子的玩具曾经风行了二三十年。火柴,旧时也叫"洋火",以黑头儿火柴居多。这种玩具枪正是利用火柴头儿的火药,结合手枪撞针的原理发出"威力"打响的,这是让男孩子

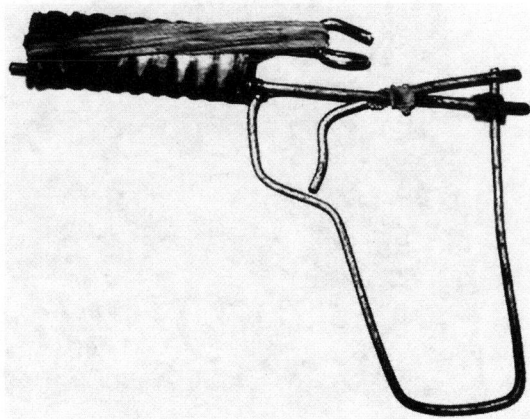

孩子们用铁丝与链条制作的洋火枪

173

大呼小叫的重要原因。弯制、组装洋火枪需要较硬的粗钢丝，还有钢丝制成的撞针、弯制的扳机、自行车链条瓣（节）、高弹力橡皮筋（三四个）等。孩子们大多在长辈的帮助下做玩具枪，一般是仿"五四"手枪的样子，外形长约20厘米左右，高12厘米上下。其实，枪做出来好看与否并不重要，只要玩得开心就好。

毕竟，洋火枪具有危险性，具体玩法暂且不谈，但每一把洋火枪都会成为孩子们的心爱之物，甚至在睡觉时都会压到枕头下。

玩 枪 战

男孩天生爱舞刀弄枪，他们从小想着杀敌卫国显英豪，个个志向远大，即便是一把木头手枪别在腰间也会让

连环画《小兵张嘎》深受少年儿童欢迎

174

雁翎队的故事对男孩子们玩打仗游戏具有示范作用

男孩子神气活现。拔出枪来，嘴里发出"砰砰"的声响，有时还必须让他的假想敌倒下，无论对方是伙伴还是爸爸妈妈都愿意成全这个"小兵"做英雄的快乐幻想。

　　小木枪毕竟没有子弹，缺乏战斗力，所以不少七八岁的男孩爱上了铁丝加皮筋的"手枪"：用粗铁丝弯折出手枪轮廓，枪口处必须弯成小弹弓的样子，后尾的击锤处做成凹槽状。皮筋夹上一颗纸质子弹(小孩精心叠成的)，从前向后拉紧，蓄势待发，扳机处的铁丝可抬动别在凹槽上的子弹，弹射而出。纸子弹有尖头儿，若被击中也会轻微疼一下，所以十个八个孩子玩起枪战来也挺刺激的。空地上，孩子们"冲啊——杀呀——"的呼喊响成一片，好似战场。有的小鬼头还戴上了帽子、风镜，全副武装以防被子弹打疼。

为了一把玩具枪,男孩子们会绞尽脑汁翻新花样。比如用硬纸叠出几个扁扁的小方盒，用筷子或铅笔当枪杆，然后组合出"手枪"来。也有人用捡来的冰棍棍儿捆扎成"手枪"来玩。后来,塑料枪、声光电子枪花样繁多,小孩们虽然更喜欢,但"枪战"游戏似乎渐行渐远了。

小火轮·做琥珀

小 火 轮

　　用马口铁焊接制作船模在天津民间素有传统,老年间即出了大名鼎鼎的"火轮赵"。放暑假了,孩子们爱围着大木盆玩水,漂几个小纸船不过瘾,便玩起了更高级的铁皮小火轮。

　　这种小船的舱里有个盛煤油的小盒,点燃煤油后空气被加热,通过导管从船尾排出,推动小船"突突突"前行。孩子们对空气动力学似懂非懂,但神奇之感常让他们大呼小叫。

　　小学手工课上也做船模,彩色的船身与大大小小的零部件统统印在硬纸卡上,学生仔细剪下,然后粘接组合成立体舰船,惟妙惟肖,令人爱不释手。小心翼翼地托着自己的船模回家,高高地摆在别人轻易摸不到的地方,像欣赏博物馆里的藏品一样爱惜它。

　　粉碎"四人帮"后,四个现代化建设大潮汹涌澎湃,鼓励青少年学科学爱科学,那时的学校、少年宫都设有船模、飞机兴趣小组,各种无线遥控舰船让他们充分感受到了科技的魅力。每逢活动日或儿童节,孩子们站在水畔兴致勃勃地操控着自己的舰船,蓝天白云下的红领巾、白衬衣、白球鞋,还有张张笑脸,预示着祖国美好的未来。

做琥珀

过去孩子们课业负担较轻,也不像现在有那么多光怪陆离的事物吸引注意力,所以男孩女孩总有大把的消闲玩乐时间。玩具少,不要紧,少年们常常会在大自然与现实生活中找到兴趣点。比如,妈妈在择菜,菜叶上的虫子也可以让他们蹲在一旁看上好半天。捉到一只七星瓢虫,托在掌心,喊着"花大姐,花大姐,你们家着火了"。捡一片树叶,可以花上半天时间做成一枚书签。

更有自然奇趣的是玩造琥珀,这曾风靡中小学校园。那时候的树牛子、知了、花蝴蝶、大蜻蜓等很容易捉到,这便成为了孩子们造琥珀的好标本。事先买来松香,放在烧杯里加入少许酒精,然后用酒精灯慢慢加热,直到松香熔化(酒精已基本蒸发了)。同时,把标本放在火柴盒、小药盒之类的容器正中,倒入松香汁,一边晾干一边用小刀修整松香块多余的不规整的部分。当这样通身透亮的人造琥珀做好了,孩子们非常有成就感、满足感。阳光下,小琥珀光闪闪的,虫子静静地待在里面,面对着它,孩子的大眼睛一眨一眨看个没够,内中似乎有太多的奥秘吸引着他们。

小小孩的游戏

手上的游戏

低幼儿游戏往往重于脑与手对应的训练。"蚊子叮手，哎哟喂！怎么啦？蚊子咬我啦，快点爬上来吧……"伴着童谣声，"蚊子叮手"小游戏开始了。在成人的指导下，小孩子们个个手心朝下，纷纷做出类似捏东西的动作，然后让一个孩子的手摞到另一个孩子的手背上，如此一个个叠加向上，直到小孩子扬起胳膊够不到为止。

堆 馒 头

幼童的手上游戏还可玩"堆馒头"。第一个孩子伸出右手大拇指，其余四个指头回握成拳。下一人握住第一个孩子的拇指，自己也要伸出大拇指。接下来的参与者同样重复这个动作，手摞手直到够不到为止。这一个个小拳头白白的，好似小馒头。玩的过程中还常有儿歌相随，如："堆，堆，堆馒头，馒头堆得高，馒头堆得好，香喷喷，甜丝丝，吃得大家哈哈笑。"

以前臂为基础，两个小孩又可以玩猜一猜"酸甜苦辣"

老广告画上的胖娃娃

游戏。一个孩子用双手的拇指和食指(或中指)环扣住另一小孩的腕部,从此位置开始,一边念叨着"酸甜苦辣咸"几个字,一边一手倒替一手紧密衔接向前,直到胳膊肘处停下。"甜!你爱吃糖,对吗？"这时停顿在哪个字眼上就表示被"测试"的孩子喜欢吃什么滋味。

拔 橛 子

俗语"别人牵驴你拔橛"源于民间故事,比喻别人做完坏事跑了,可你却留下当了替罪羊。可是,过去的孩子们专

182

门玩过拔"橛子"的游戏,所谓的"橛子"实为大拇指。这是一种人人可以参与的游戏。

　　一个孩子率先握拳并伸出大拇指,然后,另一个孩子的拳头摞在第一个孩子的拳头上,要牢牢攥住这个孩子的拇指不松手,尽量不让拇指抽出。同时,第二个孩子自己也要伸出拇指,让第三个孩子来抓。逐个循环,当随后几个人的手摞上来的时候,最先那个孩子的大拇指已经挣脱出来了,这就是所谓"拔橛"成功。成功后还可以继续参与游戏,即按规则把自己的手摞到最上面。就这样,小伙伴们争先恐后翘起"橛子",再用力拔出自己的"橛子",循环往复,忙乎不停。游戏过程中,有的孩子还边拔边唱:"拔橛子,拔橛子,拔来拔去拔不完;用力拔,快点

民国时期糖果广告画

183

拔,拔完木橛好回家……"

赛 赛 赛

"赛,赛,赛!一个鸡蛋皮儿呀得了病,请来医生来看病,打了麻药针,吃了麻醉药,三天三夜不许动!"说不清游戏的名字,但它是女孩们的童年挚爱。小姐妹对坐,先是自行击掌,再伴着响亮的"赛,赛,赛"声四掌相击,游戏开始。自行拍手,与对方左手、右手连续交错击掌,发出节奏明快的声响,童谣娇娇,煞是动听。当说到"不许动"时,双方旋即变脸,手指对方,谁动一动,哪怕是嘴角轻微地翘起也算输,莫说对视憋不住笑出声了,心底无瑕的天真儿童喜欢开怀大笑,特别是四目相对时。

类似的拍手歌还有从一数到十的,如"你拍一,我拍一,一个小孩坐飞机;你拍二,我拍二,两个小孩梳小辫(或捡破烂、洗手绢);你拍三,我拍三,三个小孩吃饼干……"等,合辙押韵,朗朗上口。

开汽车·过家家

"走，咱坐大嘀嘀上姥姥家去。"汽车喇叭"嘀嘀"鸣叫，所以天津小小孩俗称汽车为"大嘀嘀"，三五十年前的孩子不比如今从小在私家车里长大的孩子，那时候的汽车让娃娃们备感神奇，倍加渴望，所以小小孩特别愿意玩开汽车坐汽车的游戏。

开 汽 车

五六个孩子各带小板凳凑到一起，坐好排成一排。小司机最神奇，每人轮流当。司机双臂伸向前方，攥紧小拳头

民国时期到照相馆去照相，孩子最喜欢坐在汽车上留影

185

民国时期青岛惠民染织厂的商标"吉普车牌"

像在握着方向盘,还不时上下轻摆。只见司机使劲前后晃荡几下小椅子,高声招呼道:"坐好啦,开车喽——嘀嘀——呜——"小乘客在汽车"行进"途中也煞有介事,四处张望,有说有笑,抱着布娃娃的"妈妈"还在哄着孩子。一会儿,司机发出了"吱"的一声,转头问道:"百货大楼到啦,有下车的吗?"一会儿又报站:"水上公园到站啦。"小孩们有下有上,好不热闹。

除了玩开汽车还可以玩开火车,老天津曾有与之相伴的儿歌传世:"小板凳,排一排,小朋友们坐上来。我的火车跑得快,我当司机把车开。轰隆隆——轰隆隆——呜——

开车啦。"

幼儿园的孩子

过 家 家

　　三四十年前，天津有很多宿舍院，院子里的孩子们非常合群儿，亲如一家。平日里常玩弹球、打尜、撞拐等，后来也有孩子们"发明"了一种名叫娶媳妇的游戏，男孩女孩们一帮一伙的，还算有些场面。

　　过家家也叫"过假家"。大伙儿找一处破棚子或墙犄角，先拾些砖瓦盒罐之类的，某个小孩坐在砖块上，在"小小子"的童谣中游戏开始了。"小小子，坐门墩，哭着喊着要媳妇儿，要媳妇干嘛？"有人在一旁调皮打趣："点灯说话！"逢此，一些孩子总是掏出块破红布或纱巾给某个女孩盖在

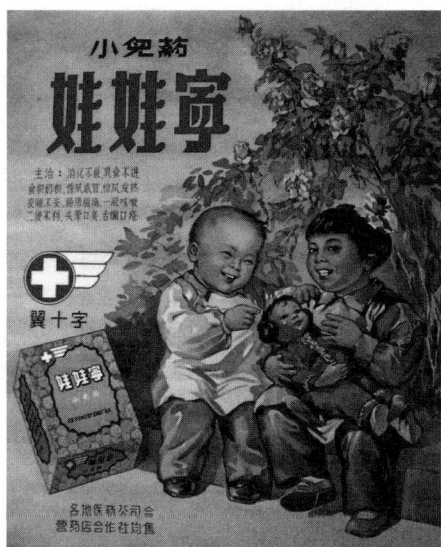

过家家(20世纪50年代药品广告画)

头上,让她装成新娘子,让那个男孩拉着她的手。"婚礼"开始啦,大家搬这摆那,嬉笑打闹着,嘴里还振振有词:"拉大锯,扯大锯,姥姥门口唱大戏,接闺女,请女婿,小外甥女儿也要去。骑着驴,打着伞。先搭棚,后搭彩,鲜肉包子往上摆,不吃不吃也吃二百。"有的孩子还会找来一些鲜菜叶,又撕又切,弄碎了假炒假吃一番,招呼着,热闹着,好像天津卫的酒席面。

布娃娃伴童年(20世纪50年代年画)

188

玩手绢

　　古人称手绢为手巾，早在《礼记》中已有"请沃盥，盥卒授巾"的记载。唐宋之时有了"手帕"一说，小女子间更出现了"手帕交"的情谊。至于"手绢"的叫法已是近代的事了。

　　宝宝尚在牙牙学语，给他的小脸上蒙一方手绢，妈妈手中拿一朵花，揭开宝宝脸上的手帕时，把花朵呈现在他眼前，小家伙愣了一下，转瞬笑逐颜开。或者，妈妈把手绢蒙在自己或孩子的脸上，撩起后发出"喵"的一声，哈，来个母子同乐。

　　"丢啊——丢啊——丢手绢，轻轻地放在小朋友的后边，大家不要告诉他，快点快点抓住他。"孩子们围成一圈面向里坐好或蹲下，伴着这样的儿歌与拍手声，当庄的孩子拿着手绢在圈外跑，然后悄悄地放在某小孩的后面，假装再跑一会儿。这时，发现自己身后有手绢的小朋友要拿起手绢争取尽快追上庄家，若追上了，自己仍回原位，一旦庄家已经占据追人的位子，那么追者就要上庄了。而傻傻地待在那半天也不知手绢已落在自己身后的孩子，往往是在

189

大伙聚来的目光和嬉笑中才醒悟的，如此就不免受罚了。

别看手绢小，可用它玩的游戏却不少。在手绢的四角系上细绳，4个绳头儿结在一起拴上一块小石子(或方孔钱等)，然后朝天空高高一抛，这就成了降落伞。看着它飘忽慢落，孩子们遐想连连，欢呼雀跃。

另外，把手绢四角系上扣儿，戴在头上就是很好看的小花帽，小孩玩打仗时常见此小帽。妈妈哄孩子，小女孩开玩笑，也常会用手绢叠成小老鼠，圆圆的体态，长长的尾巴，半握在手心里，用手指不断活动小老鼠，让它出出进进，颇有乐趣。

除此之外，用手绢还可以玩看谁扔得远的游戏。如今，儿歌或许还会传唱，但手绢可真的快要丢弃了。

盆里玩水·吹肥皂泡

〈盆〉〈里〉〈玩〉〈水〉

　　按现在的话说，孩子玩水可谓性价比极高的老游戏，颇得童心。先说最简单的，即便是未满岁的幼童，面对一盆清水也会喜笑颜开，嫩白的小手用力拍打着水面，"啪啪"作响。

孩子在盆里玩水常会拿个这样的小水鸟玩

191

给小孩洗澡的时候，还可以在大木盆里放些盛水的小容器,孩子便会玩舀水或倒水的游戏。四溅的水花让娃娃时而闭眼,时而傻笑,时而躲闪,真是启蒙阶段的快乐体验。

孩子稍大一些,玩水也添了花样,无师自通,"实践"得来。两手交握,把水存储在手掌间,自己"噗"地用力一挤,水被激出。也有聪明的孩子,在塑料袋上戳几个小孔,装满水后,往高处一挂就变成莲蓬喷壶了。一遍一遍,乐此不疲,任由水花打湿衣裳,若是夏天,倒也凉快。想象力、创造力都在玩水游戏的潜移默化中得到启发。

吹 肥 皂 泡

湿热的暑假是玩吹泡泡的好时节。找点肥皂头儿搅些肥皂水灌到小瓶里,用一小节苇子棍一蘸,然后轻轻一吹,泡泡由小变大,光的色彩在泡泡上流淌交织着,再慢慢一抖,泡泡载着一份童真便随风飘向空中了……孩子们玩吹泡泡经常比谁吹得大,这需要气力的控制,一个大大的肥皂泡会让小孩子觉得自豪,而有的娃娃一吹就破,干着急。

童心不泯,直到今天,肥皂泡依旧是营造温馨时尚氛围的精灵,繁华的商业街上总能见到售卖的小贩。不过现今的泡泡吹具已变成带柄的小塑料环了,而肥皂水中据说

妈妈买来大气球（1927年药品广告画）

也加入了少许甘油、糖浆等，可以让泡泡更大更持久。有的超大环圈挥出的泡泡，一个孩子可置身其中，犹如水晶一般奇幻。

燕子车与鸭子车

燕子车也叫燕车,据说山东、河南出土的汉代画像砖上就有类似的图像,足见其历史久远。做木质玩具是老天津手艺人的拿手好戏,北门外、大胡同、宫南和宫北大街到处有售,还有货郎担子串胡同叫卖不停。特别是一进腊月,天后宫里外的玩具摊子上总是琳琅满目,五色缤纷,大凡燕子车、鸭子车、蝴蝶车,以及飞禽走兽、刀枪剑戟、小鼓小锣、古装人偶等,高低贵贱一应俱全,孩子见了无不兴高采烈。

民间老手艺人制作的燕子车比较精巧,小车由木质的

可以推拉的小鸡车

194

燕子身躯、硬纸做的燕翅、车平板上的小扁鼓、木质车轮等组成。小车在行进过程中，巧妙运用了力学的传动原理。车板中间立着展翅欲飞的燕子，燕子前方装有一个小扁鼓，儿童拉动或推动时，受车轮上铁丝的牵引，以及车轴(三

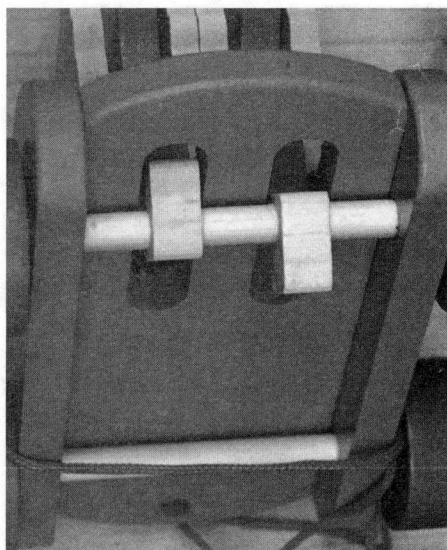

燕子车、鸭子车车底机关

角木)的拨动,小燕子就会翩翩起舞,同时还发出"咚咚咚"的击鼓声,颇有情趣。

鸭子车也利用了上述机械原理,小巧玲珑,制作精细,孩童或拉或推,车轮转,鸭子的翅膀也跟着上下舞动(翅膀下有铁丝与车轮相连)。同时,车轮又带动曲轴(凸形硬铁丝)同转,曲轴拨动着小竹棍击响车底盘上的纸面小鼓,小鸭子便会发出"嘎嘎嘎"的声音,很受孩子喜爱。比如去姥姥家的路上,孩子执意不让妈妈抱,偏要跟在大人后面牵着鸭子小车。小鸭子连叫带呼扇翅膀,实在好玩。

老年间胡同里的孩子爱扎堆儿玩,一人拉着一个小车,齐刷刷向前跑,小鼓声响成一片,那真叫快活。有时,大人走过来都得避让这些小家伙。

小鸡啄米

老年间，各类乡土玩具大大填补了物质生活不足带来的清苦。那时候，在庙会以及胡同口的小摊上，常有"小鸡啄米"或"鸽子吃豆"之类的小玩具，物美价廉，惹人喜爱。

三四个小泥鸡（或木质）被固定在一块木板（球拍形）上，木板中心有个小洞。小鸡的脑瓜可以活动，脑瓜后部连着细线，细线从木板上的孔洞穿过，三四条线的末端合拴在一个小泥疙瘩上。当小孩轻轻晃动木板，板下的小泥砣也随之晃动，在其作用下，见那鸡脑瓜依次点头，好似啄米，情状非常有趣。

幼年张爱玲在天津留影，怀里抱着一个洋娃娃

小鸡啄米、鸽子吃豆玩具来自乡野，取自泥土。此外，玩具摊上还有泥捏的小

汽车、小飞机、小轮船、小坦克、小金鱼等,也有用麦秸秆做的小人儿攀杠子、小猴爬杆等能活动的小玩具。后来,铁皮玩具中也有小鸡啄米玩具。U形手柄上有两个滑块(板),上面有两只小鸡,活动手柄,鸡身便前倾啄米。

点牛眼唱童谣

　　几个孩子围坐在一起玩游戏,有时需要事先定出先后顺序或由谁当庄,除了采用"锛铰裹"的方法外也经常用到更有趣的"点牛眼"的办法。一个小孩开头,一边用手指向每个人,一边唱起歌谣:"点,点,点牛眼,七个碟子,八个瓜,不是别人就是他!"手指随着字而转循环指向每一个孩

民国时期秋林烟草公司广告画

民国时期商标画

童,当重重的"他"字落到某人的身上时,这人就要当庄了。或唱歌、背诗,或做怪样,甚至自罚也行。

老游戏常常与传统生活紧密结合,天津民间类似"点呀点"的歌谣另有其他一些版本,如:"点,点,点油眼,油眼大,油眼花,七个碟,八个瓜,西瓜倭瓜,不是别人就是他。"还有"点猫眼"歌:"点,点,点猫眼,猫眼花,炒芝麻,芝麻粒,狗打嚏,叽里咕噜滚下去。"再如"点梅花":"点,点,点梅花,一根葡萄两根杈,有钱的买花戴,没钱的偷枝花,不是你来就是他。"另外还有"点油捻""点磨眼""点小脚"等版本。

扮鬼脸儿·打电话·照哈哈镜

扮 鬼 脸 儿

做个"鬼脸儿"、耍个调皮,可谓童年快乐的专利。表情丰富的鬼脸儿是孩子们的游戏,五彩缤纷的鬼脸儿也是他们的玩具。家大人逗小孩爱扮鬼脸儿,权且哄孩子一笑。

幼儿园老师组织游戏,或是孩子们围在一起自娱自乐,也常玩这种游戏。老师在纸板上画了个顽皮的鬼脸儿,交给孩子,让孩子按图样去做鬼脸儿,然后将纸板传给下一个小朋友,小朋友接着做动作,直到某个孩子做不出来为止。那么,小朋友就要不断自创鬼脸儿模样,扮个什么呢?只见他用两个小拇指分别放在嘴角,又将嘴向两侧拉开,再用食指按住下眼皮往下扒,同时还不

人见人爱的小丑面具

200

停地吐舌头。那样子好滑稽好可爱,逗得大家哈哈大笑,前仰后合。

在老天津,娘娘宫门前的宫前集热闹非凡,吃穿用戴玩一应俱全,其中的儿童玩具也有特色。各种纸浆做的、纸糊的小鬼脸儿、小花脸儿色彩艳丽,样子有神话人物,如孙悟空、猪八戒、沙和尚;有传统故事人物,如刘备、关羽、张飞;还有可爱的小动物造型,总能引人驻足流连。后来,彩色塑料的鬼脸儿问市了,孩子们照样喜欢。

打 电 话

"两个小娃娃呀,正在打电话呀,喂,喂,喂,你在做什么?哎,哎,哎,我在幼儿园。"这脍炙人口的儿歌再现了旧日孩童玩"打电话"游戏的情景。

民国时期的天津小孩就喜欢此游戏,不过那时的电话机是金贵的舶来品,名叫传声器,普通人家的娃娃尚无电话的概念。多少年前,"楼上楼下,电灯电话"是许多人的梦想,小孩子更是爱玩"打电话"。找两个直径三五厘米的小竹筒或纸筒,一面用纸封好为底,然后用一条长长的线连接好两个筒底,就成"电话"了。一个孩子嘴对小筒发话,不远处的孩子拿着小筒扣在耳朵上可以较为清晰地听到对方的声音。小筒收音,棉线振动传声,好似电话。山南海北,嘻嘻哈哈,好似今天的移动漫游,其实一对小姐妹近在咫尺坐着呢。

照哈哈镜

所谓哈哈镜,因镜面各部分凸凹不同,所以在成像上有的被放大,有的被缩小。比如小明对着一个上部是凹镜的哈哈镜时,他的脑瓜会被放大。另外,因为鼻子相对突出,离镜面更近,所以鼻子被放大的倍数更大一些,"大鼻子"很常见。比如照凸镜,像是被缩小了,脸在镜中会变成细长细长的。凹镜则现短胖脸。镜子种种,变化多端,看镜中人"丑八怪"的样子,怎能不捧腹大笑。

可以说,哈哈镜为男女老少带来了无穷的快乐,也应了"笑一笑十年少"那句话。

老鹰捉小鸡·一网不逮鱼

老 鹰 捉 小 鸡

"老鹰捉小鸡"的游戏历史久远。

一般要挑选一群孩子中较为机敏的一个扮演老鹰,而幼儿园的老师常常会做鸡妈妈,其实这也有利于树立老师的威信。"母鸡"在前,后边的若干"小鸡"要依次拽好前者的衣服,注意力要集中。老鹰来了,他左右移动,伺机抓获

民国时幼儿园的老师和孩子

小鸡。鸡妈妈左突右挡，奋力张开双臂保护着身后的孩子，后边的小鸡也随着鸡妈妈闪转腾挪。若在规定时间内老鹰没有收获则为失败，若有小鸡不幸被抓，老鹰为胜，可换人重新开始游戏。

其实许多孩子更愿意自己玩，那样也许会出现更多惊险与尖叫的场面，险象环生，挑战连连。有时，一只小母鸡会手忙脚乱地带倒全部小鸡，孩子们笑成一团……

一 网 不 逮 鱼

"一网不逮鱼啊，二网下小雨，三网逮个大金鱼呀……"有一种游戏，您或许淡忘了，但听到这熟悉的儿歌，记忆一下子就被唤醒了吧？

一帮孩子一起玩这个游戏。两个孩子面对面站好，双

九子得利大鱼来（民国时期纺织品商标）

手互相拉住,高高举过头,如此形成了"渔网"。这时候,一队小孩依次从"网"下钻过,一边钻着走着,一边唱儿歌:"一网不逮鱼啊……"忽然,支网的那两个孩子一使眼色,手臂同时落下,圈住了某个小孩,这时说:"鱼,逮住了!"有时候抓到"鱼"还不放手,要称一称"鱼"的分量——小孩被抱起来轻轻摇晃,旁边的孩子跟着起哄:"2斤、8斤!"不仅如此,还可以在"鱼"肚子上轻轻"剁"几下,"一刀,两刀、三刀",哈哈,大家真乐呵。然后几个孩子互换位置,游戏继续进行。

关于这个草根游戏的名称,素来莫衷一是,有人也称之为"搭城门""过城门"等。游戏中,城门突然从一个孩子的头顶落下,把他夹住了……

打压板与滑滑梯

　　猜谜语益智。"此起彼伏"打一游艺设施——跷跷板。天津孩子也把玩跷跷板叫作打压板。

　　跷跷板上一人坐一端,比较重的那个人应该坐得更靠近支点一些,比较轻的则应该坐得离支点远一些,这与物理学中的杠杆原理有关。一人上去,一人下来,快乐如儿歌所唱:"跷跷板真好玩,你上天时我落地,小小朋友不好奇。跷跷板真好玩,你上天时我落地,小小朋友不翻脸……"若是几个孩子打压板可以均分两拨,一边一组来玩。

　　老天津大小公园、学校、幼儿园,大多拥有铁质的或水泥水磨石面的滑梯,孩子们爬上滑下快乐非常。特别是公园里的高大滑梯、动物造型滑梯总能吸引儿童(乃至小青年)排着长队苦等,只为攀上一滑。记得一家公园中长颈鹿样滑梯的铁滑板,被孩子们的屁股磨得锃亮照人。有的滑梯很高,但更加刺激,孩子们争先恐后,乐此不疲。老北宁公园的大象造型的滑梯也颇有名气,小孩从象屁股处钻进象肚子,再从大鼻子滑下来,趣味横生,相信在此留影的孩

打滑梯(20世纪 50 年代初加印广告的小年画)

子不会少。

别出心裁是少年的天性。有的小淘气舍不得买门票进公园,加上对学校原有的器械也没兴趣了,于是发现了"个性滑梯"——教学楼里窄窄的木质楼梯扶手。他们趴在高端,伴着大呼小叫,一个个嗖嗖地飞快往下滑。此举极度危险,学校不断明令禁止。

打手背·抢凳子

打 手 背

两个孩子玩此游戏时要面对面,攻方伸出右手,守方用双手虚夹好对方的手, 即掌心要稍稍离开点攻方的手。说时迟那时快,攻者迅速抽出手来"啪"的一下打在对方的手背面,被打者猝不及防抽出手掌躲闪,但为时已晚。

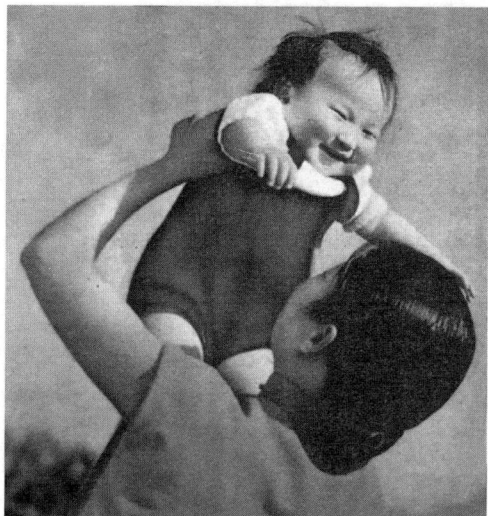

母亲与孩子嬉戏(民国时期《良友》杂志封面)

玩这个游戏需要攻守双方聚精会神。攻方先是扫了对方一眼,然后虚晃了一下手,守方中招了,像被电击一样抬手吓了一跳。再来,真真假假虚虚实实搞得守方左右不是,结果还是被对方偷袭到手背。

终于成功闪开了攻击，攻方的手重重落空。好了，反败为胜，该"报仇"了。吸取自己几次被打中的教训，偷学对方的攻击策略，于是青出于蓝而胜于蓝，只听"啪！啪"声连连不断，毫不留情……这时要套用小沈阳小品里的一句话："不带急眼的。"

这种游戏还有另一种玩法，二人平向伸出右手，掌心朝上者为攻方，抽手要用手背偷袭对方，俗称"翻天印"。

抢 凳 子

抢凳子、抢椅子的游戏由多人参加。暑假的傍晚，吃过饭抹嘴就走的小孩子们纷纷抱着板凳、提着马扎，自觉不自觉地就凑到了大树底下玩起来。游戏开始前，先要把凳子摆成一圈，然后，参玩的孩子在凳子外面围成一圈。注意，如果 8 个孩子玩，要摆 7 把小凳。再额外找一个当主持的孩子，主持人敲打着烂铁盒、破水盆之类的响器，"铛铛铛"响个不

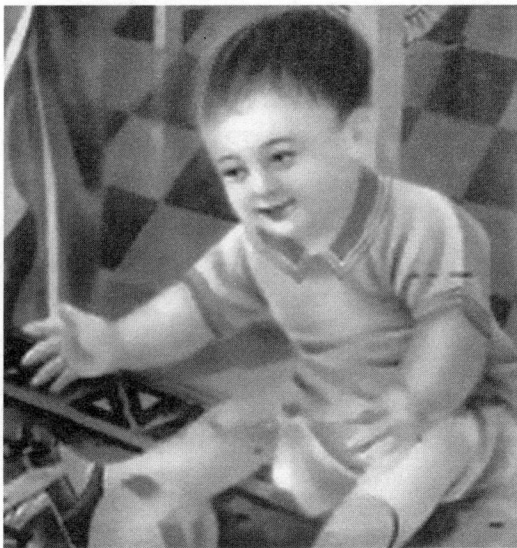

小小孩玩皮球

停。这时，大家就围着那一圈凳子顺时针跑，或逆时针转。这一过程中，谁要是偷奸耍滑玩篡位插队的小伎俩，大多会遭到同伴的指责……当声响骤然停下的一刹那，小孩要迅速找到一把小凳坐下，往往需要一个箭步往前闯。因为凳子少一把，反应慢了自然会没了位置，只好傻呆呆一脸茫然地站在圈外。这样，他就算被淘汰了。

少一个人，凳子也再减少一把，其余的人继续玩，直到剩下最后一人为止，这人就算赢了。胜者，环顾四周玩伴，自是得意扬扬。

猜过会·心心相印·走步与拍十

猜 过 会

以妈祖(天后)民俗信仰为基础的天津皇会(民间花会演艺)具有悠久的传统。每逢农历三月二十三日前后出皇会时,众多民间演艺团体皆以"会"的形式献艺酬神,以"过会"的形式巡街过市,少则几十道,多达百余道,清代《清人天津天后宫过会图》中,百余道花会表演异彩纷呈。

过会游戏的玩法便是来自过皇会的灵感,其带有一丝悬疑,需要一点儿聪慧。七八个孩子中先选出一个庄家,一

老商标画中的
同乐会过会图

211

个人蒙上他的眼睛,其他的几个孩子分别做出各种各样的动作,依次从庄家身前走过。

在庄家身后负责蒙眼的小孩要充当解说员, 比如说："装铁拐李的瘸子过去了；看书的过去了；打哈欠的过去了"等等。走过者可以任意做出各种动作或情节,甚至可以拍一下庄家的脑门,或捏一下庄家的鼻子,这时解说也要跟上一句："打你脑门的过去了。"走过去的孩子(过会者)要不动声色地站在一旁,庄家"重见光明"后,要朝身后蒙他眼的孩子发问："你要谁？"那孩子可以说要刚才看书走过的那位,如此让庄家来猜。这时,不仅要看庄家感知观察的能力,也要看过会人不露声色的本领。谁若被猜中了就需要上庄了,若庄家没猜中则再玩一轮。

心 心 相 印

这个老游戏就是我来比画你来猜,这需要心心相印,心有灵犀一点通。

玩这个游戏一般是两人一组,可多组参与一起玩。游戏开始,一组两个小孩面对面站好,规定好其中一人做动作或表演,由另一人来猜。这游戏最好由老师或"孩子王"带着玩。主持者把纸条(上面写有要求表演的简洁词语,或某一成语)示人,让表演动作的孩子做出来。比如,模仿演绎金鸡独立、狗急跳墙、东张西望、无中生有、眉开眼笑、胸

有的弹琴,有的玩游戏,民国时期的孩子们在照相馆留影

有成竹、鸡飞蛋打等成语。猜测者要认真观看并悉心领会。当表演者做完动作,猜者要尽快说出所表演的是什么成语、词语、事物等。猜出便顺利过关。游戏过程中,一些动作可以用简单的语言来解释一下,但不能说出动作中涉及的关键字词。

这种游戏寓教于乐,对提高青少年的词汇量、表演才干、随机应变能力、观察能力、反应能力很有益处。

走 步 与 拍 十

走步游戏相对简单,适宜五六岁的儿童玩。几个小孩分两拨,双方各选出一名小队长,队员站在起始线上,假设以远处的一棵大树为折返点。二位队长"锛铰裹",哪方胜了哪方队员先迈出第一步,输方原地不动。接着再决胜负。

哪一队率先走到大树并折返回来为胜利。游戏中,队长"锛铰裹"的运气至关重要,别忘了小伙伴都在后头眼巴巴地盼着你能接连胜出。

少年的能力与眼界发展很快,到了七八岁便不再"幼稚"走步了,而是玩起了更有趣的"拍十"。所谓"拍十"就是当庄的孩子面朝墙站好,一边用手拍墙一边从 1 数到 10 大声报数。其他的孩子在离墙十几步远的地方事先一字排开,随着"1、2、3、4、5、…"的声音悄无声息地向庄家身后移动。连拍带数到了 10,话音未落,庄家猛一回头,发现身后谁还在动谁就要回到起点,然后继续从 1 数起。不经意中,有人已默不作声地近身,一下拍到了庄家,大家见此要迅速转身往回跑。与此同时,庄家被拍到后也即刻喊:"停!"这时,回跑者就不能再动了。庄家向回倒三步,谁在三步之内谁算输。

为了较量,聪明的庄家一般会控制喊数字时的节奏快慢,当他猛一回头不难发现因反应慢而慌乱站不住脚的孩子。

拔拔糖

老年间的小孩子喜欢拔糖,可吃可玩。孩子们拔着玩,也不管手是脏是净,时不时还舔几口尝滋味。拔糖拔烊了,团成糖球又放进嘴里。拔糖并不起眼,但一直流传,到80后那一代已经叫"搅搅糖"了。

拔糖也好,搅搅糖也罢,原料大多出自小作坊,小贩在学校门口、胡同口连同其他小食品、小玩具一起售卖。上学或放学之时,卖糖的小摊前总围着不少孩子,小贩守着一个小铜锅,锅里有糖稀,用两根小棍(或竹签)从中搅出一小团糖来交到孩子手里。也有在糖中添加食色的,红的、绿的、黄的,倒也晶莹剔透。

小孩拿着两根小棍搅动糖稀,糖被拉抻拔长,再被合并,又上下缠左右绕,反反复复,边玩边吃。经过不厌其烦的搅拌,糖稀的颜色会发白变硬,这就是拔烊了。

小小写字板

二三十年前，有一种小小的磁性写字板备受欢迎，一是给孩子带来自由发挥的舞台，二来省得他们在家里雪白的墙面上涂鸦了。写字板的外框或粉红色或柳绿色，小孩在上面可无数次写写画画，又经济又快乐。

写字板 16 开大小，夹层内含有磁性粉末，写字板附带的塑料笔，笔端装有磁性笔头，小孩用笔在板面上一写就出字了。写字板下边框上设置有一个可以横向滑动的塑料条(夹在板面中间)，起到橡皮擦或板擦的作用，写错了、画坏了不要紧，左右一拉塑料条，笔迹就全都被擦干净了。更高级的写字板还配有带磁性的 0 至 9 数字模块、26 个英文字母模块、加减乘除符号模块等，可以让宝宝多方面学习。另外，有的还附赠苹果、花朵、小猫、小狗等模块，用这些配件朝写字板上一按，图案就会显现出来。

木头人·传染病

"一抓金,二抓银,三抓不笑(动)是好人。"家长一边哼着歌谣一边哄孩子玩,轻轻抓挠他的膝盖,看小孩忍着痒痒能坚持多久。爸爸妈妈不厌其烦地教育子女一定要做好人,孩子当然也不想当坏人,但无奈确实很痒,还是禁不住笑出声来。

木 头 人

这个游戏玩法比较简单,几个孩子围在一起,或坐或立,有人先从说唱开始:"我们要做木头人,不准说话不准动。一不许笑,二不许哭,三不许交头接耳乱打听。看谁意志最坚定!"随即,孩子个个都假装呆若木鸡的样子,喜怒哀乐和动作统统不能表现出来。但率真好动是儿童的天性,几个孩子相互眼瞪眼,说不准是谁"扑哧"一下就笑出声,只好甘愿认输受罚。

类似的"定身术"游戏更好玩,酷似《武林外传》里白展堂的葵花点穴之功。游戏开始,几个孩子嬉闹打斗如常,当某人突然大声喊出"定"字，小孩转瞬间都成了木头人，定格在刚才的动作上，无论是正在单腿跳，还是正在哈哈笑，一切动作和表情必须凝固静止，若谁的耐性差坚持不住就败下阵来。

传 染 病

人活着难免会生病，尤其是各种传染病，旧日里小孩子玩的"传染病"游戏却与病毒细菌无关。一人当庄追几个同伴，追到谁并触到他身体的某个部位，那么就算作被传染了。比如被人摸到（传染到）头，就要捂着脑袋上庄追人；假如被人碰到腿就不利了，一瘸一拐跑恐怕难以追上别人。"传染病"游戏重在锻炼孩子的跑动与身体协调能力。

玩腻了"传染病"，还可以玩比力量的"我们要求一个人"。一群孩子分成两拨，地上画条线，分到两旁。计划求人的甲方先唱："我们要求一个人呢。"乙方回应道："你们要求什么人呀？"甲方见乙方的斌斌比较瘦弱，于是就唱道："我们要求小斌斌啊……"乙方又问："什么人来同他去

蒙眼找人的游戏

218

呀？"甲方应："我们的小刚同他去呀。"好了，被点到名的两个孩子出列，以线为界，单手握紧，互相拉拽，身后的孩子们大呼"加油"为本方助威。斌斌力量不足，输了，于是站到甲方队中。依此类推，双方博弈，直到一方兵丁无存，一方大获全胜。

传统玩具与游戏

皇宫中的快乐

　　前文介绍了不少民间的玩法，但封建时代的皇宫里都玩什么呢？其实，皇帝何尝不是一天天长大的，仅以晚清为例，他们的童年同样需要游戏。

　　为了哄宫里的孩子高兴，满朝上下似乎都在花心思想办法，其中自然少不了将一些民间玩具、乡野游戏移花接木至宫中，或取其精华，或加工整改，力求不同凡响。如民间玩的泥戏人、拨浪鼓、布老虎、花灯等，无不为皇宫里的生活增添了情趣。大体上说，皇家玩具、游戏以音响类、把玩类、益智类为主。例如故宫珍藏的鸟笼八音盒属机械玩具，它镀金镶宝石，可谓精美绝伦。上弦后，笼中的鸟儿会随着音乐抖动翅膀

老香烟牌子上的打花灯图

清末年间的小泥娃娃

并转头张嘴鸣叫，相随的蝴蝶也翩翩起舞。当年，小皇帝也欣赏过机械人玩偶，上弦后它会在音乐的伴奏下模仿人的动作，有些人偶还专门仿造经典戏曲人物造型，精致的整套人偶还能演出《西厢记》等，真是活灵活现。

源自西方的万花筒也很早传入清宫。据说，万花筒是一名英国物理学家在 1816 年发明的，后来传到中国，虽在清宫中被视为"奇技淫巧"之物，但很快成为达官显贵的私室玩具。

圆筒中的玻璃镜子结构从二片镜子到五片镜子不等，还有锥形镜的。筒中放入少许各色玻璃碎片或塑料碎片，筒的一端封上可以透光的磨砂玻璃，另一端安上带孔的玻璃，可以管窥筒中。朝着亮光，随着每一次转动，三棱镜折射出无限美丽的花样，艳丽、晶莹，变幻无尽，斑斓万千。有时，塑料碎片之间由于静电产生的效果，更为万花筒中增添了不可预知的图案。"一孔之见"足以让孩童痴迷心醉。

224

骑竹马·抬轿子

骑 竹 马

竹马游戏早在两汉时代就已流行民间,《后汉书》中有"童儿数百,各骑竹马"的记载。小小竹竿与马无关,但放到

骑木马

两腿中间便被童心赋予了最美妙的意象。

竹竿一头着地，另一头用手握住，双脚配合出有节奏的马蹄声响。孩童的右手扬起或举个小鞭、小旗，"驾——驾——"地喊着跑着玩。或信马由缰，或策马飞驰，好像一会儿就能到江南了。胡同里的孩子骑上竹竿或木棍有可能玩起打打杀杀的游戏，横冲直撞，来来往往的大人们也会躲让，不想搅了孩子的乐事。长辈认为孩子爱玩骑马是吉兆，因为自古以来马上之人不是官家就是英豪。

李白诗云："郎骑竹马来，绕床弄青梅"，青梅竹马也被引申为纯真爱情的象征。古老的游戏被艺术化了，成为经典。其实，如今的孩子不识竹马意趣也不要紧，相信他们都看过《哈利·波特》吧，影片中扫帚飘飞的神奇魔法师也许让少年们同样憧憬无限。

抬 轿 子

大花轿中的新嫁娘总是美丽又幸福，所以小女孩还在懵懂孩童时就开始梦想坐花轿，也喜欢玩坐轿子的游戏。丰子恺曾绘《抬轿图》，两根竹竿穿进反扣着的凳子腿间的横掌中，两个孩子抬着"轿子"，轿中的娃娃乐悠悠的样子，童趣盎然。类似的游戏在旧时民间不难见到。

城市孩子玩抬轿子已演化成用手臂抬。两个人4只手交错为"井"字状，相互握紧手腕，充当轿子、轿夫，二人下

打台球也登上过民国老商标的画面

蹲落轿,坐在上面的女孩好似新娘。起轿,小轿夫嘴里一边模仿着鞭炮响唢呐声,一边开始小跑,跑着跑着又开始玩颠轿,也许还要加上在原地打转转。轿上女孩东倒西歪,只好使劲搂住小轿夫的脖子,生拍摔下去。轿夫越跑越急,费力不少,二人难免用力不均,这时不是松手散架就是三人一齐跌倒在地,轿夫、新娘哈哈大笑。这便是两小无猜的童年老游戏的快乐吧。

泥摇叫·泥公鸡

泥　摇　叫

　　泥摇叫是一种简单的土质小玩具,它由一个单面小鼓(黄泥制作,直径 2.5 厘米左右)和摇杆组成。小鼓的鼓面是牛皮纸的,中心点位置穿过一根丝线或棉线,鼓面内侧留有线头儿,线头儿要系上一截小草棍或火柴。线的另一端绕系在摇杆上端(此处抹松香),方便摇转。

　　低龄孩童爱玩泥摇叫。手持摇杆,慢慢抡起小鼓,让它不停地转动,这时,绳扣与松香摩擦,产生的震动会传导给小鼓,小鼓就发出类似 "呦儿——呦儿——"的响声。或许

泥摇叫

228

因此人们俗称其为"摇叫"。那小泥鼓的样子也有青蛙形的、小猫形的、虎头形的,有时还涂些红绿颜色。

另有一种与摇叫类似的音响类玩具——摇鼓,那小鼓直接挂在摇杆上,杆上插着用铁片做的"十"字形拨片,摇动时,小鼓围绕摇杆转动,拨片带动鼓槌装置,击鼓发声。这小泥摇鼓也有娃娃形的、小乌龟形的,一般用泥模子翻出,再经窑烧而成。

泥 公 鸡

过去,孩子们常有一两样物美价廉的泥鸡、泥鸽子、泥哨子之类的土玩具,这些玩意儿大多来自与天津咫尺之遥的河北白沟。

白沟民间艺人制作的泥公鸡闻名遐尔,它造型质朴简洁,形态丰满有力。泥鸡有大、中、小几种样式,大号的身高可达一尺左右,小的只有一二寸大小。泥玩具的泥胎制好晾干后,全部用大白粉打底色,再用颜色彩绘,以大红、深绿、浅绿、浅黄、深紫等为主,鲜艳夺目,写意式的大块面描画。施彩过程中特别注意留空的处理,鸡的头部、底座都保留着白色的粉底。

最好玩的要数会叫的泥公鸡。在鸡身的合理位置设有吹孔和小笛,小孩子手握泥鸡一吹便可"金鸡报晓"了。吹个三五下,孩子小嘴都被染上颜色了。

踩高跷·耍傀儡

踩高跷是我国传统的民间体育游戏,也是少年们非常喜欢的一项活动。老天津堪称民间游艺兴盛之地,卫派高跷久负盛名。特别是天津农村,学高跷的人多,耍高跷的人多,高跷会也多。

踩 高 跷

正月里,喜庆日,庙会上,高跷表演的锣鼓点热闹喧天,激情奔放,刚劲舒展,诙谐风趣,文武并举。演艺队伍中

1936年天津出皇会时卫龄老会的孩子们在表演高跷

当然有青少年的身影，只见小小高跷手个个有绝活，动作快如鸡啄米，慢似风送柳。

孩子们玩高跷学本事，那木腿子可适当矮一点儿，安全第一，循序渐进。除了演艺练习，还常有游戏。比如设定距离的竞走游

老广告上玩高跷的快乐小子，他背后还有孙悟空、猪八戒等扮相

戏，看谁先到达终点；比如踩高跷夹球赛，两人一组，背对背夹住一个皮球，听令后用侧向走的方法行进，中途不许掉球，要尽快到达终点；还可以踩着高跷踢足球，蹬着高跷踩气球等。训练兼游戏，寓教于乐。踩高跷对锻炼青少年的身体平衡能力，提高动作协调性，培养团结协作与竞争意识大有益处。

耍 傀 儡

老天津人说的"耍傀儡子"也叫"二鬼摔跤"或"一人摔跤"，游戏娱乐，杂耍表演，撂地谋生，兼而有之。乍看二鬼

旧时玩耍大头舞游戏的道具

摔跤似有丈二和尚摸不着头的感觉,明知道是一人玩耍,但就是分不清哪个是真人,哪个是假人。

玩者一人钻入像两人在摔跤样子的道具架中,并在胸肋腰腹处绑紧系牢。行里人称这种道具为"鳔子",也叫褡裤,它是用木棍、藤子竿或竹竿捆扎成的长方形支架(道具),其体量好似真人互抱样子的大小。道具的假人头有点像"大头娃娃",如此形成两个"娃娃"面对面的样子。精致的道具还要配上漂亮服饰,仿若真人。钻在道具中的人手脚贴地,背驮架子,他一人表演两人摔跤的过程,摔、绊、踢、勾子、别子、背口袋、鹞子翻身、落地十八滚等招式都表现得逼真生动,淋漓尽致。

其实,想玩好或表演好傀儡戏并不容易,表演者要熟悉两人摔跤的套路,或攻或守或反击,皆要演出活生生的状态。单凭傻力气还不行,为保持表演的连贯性,"重担在肩"的玩家有时要一口气演下三四分钟来。周围观众连连叫好,哪知表演者已是汗流浃背了。因此,傀儡戏又得俗名叫"耍苦累子"。

232

打花棍·击鼓传花

打 花 棍

打花棍是在清末就流行于天津的一种儿童游戏,进入民国后曾盛极一时。小孩每人手持一根画有彩色条纹的木棍儿,可以是两个孩子面对面稍微交错站立,也可以是众人围在一起玩。木棍儿相互敲击发出有节奏的声响。

20世纪三四十年代玩杂耍、打小鼓的男孩

233

旧日，打花棍游戏常与脍炙人口的童谣、小调紧密相伴。伴着木棍碰击出的清脆声，童谣唱起："嘿嘿！美国大军官呀，没有裤子穿呀，扯了二尺布呀，回家补补裤呀，可还是露屁股啊……" 孩子们嘻嘻哈哈接着又唱："小老鼠，上灯台，偷油喝，下不来，喵喵喵，猫来了，叽里咕噜滚下来。"

有位文人在 1933 年 3 月的天津《体育周报》上撰文说，他对于像打花棍这样"更像民间文艺品种的游戏情有独钟"，认为"在夏天的月夜里，远远送来些小巧的曲子和整齐的棍拍，比母亲的催眠歌还要加倍的美妙"。作者也希望研究并利用民间游戏，以提倡"普及的体育"。

击 鼓 传 花

一群小朋友围成圆圈坐好，游戏主持者在一旁敲响小鼓，一朵大红花在孩子们手中顺序相传。所传之花也可以用小皮球、花手绢、布娃娃或其他东西代替，关键是在"咚咚咚"的鼓点声中迅速传给下一人。鼓声戛然而止时，大红花落在谁的手里就算谁失误，要出列表演个小

老画片上敲小鼓玩的孩子们

234

节目。此游戏虽然没有什么体力要求，但大多数孩子会比较紧张，甚至连腿脚也跟着一起哆嗦。有的嘎小子很机敏，花本是落在他的怀里的，而他却在即停鼓点的余音里转瞬将花扔到了邻座孩子的腿上，如此"阴谋"常常

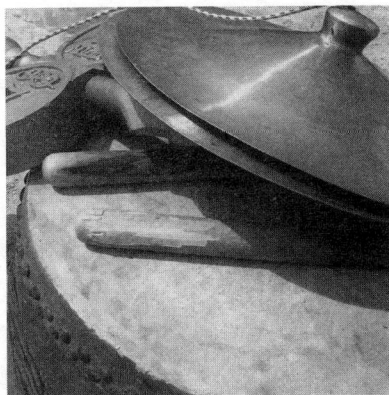

传统乐器鼓、镲常出现在少年们的游戏中

让人猝不及防，难免口舌矫情。所以，击鼓传花游戏若没有较有威信的主持者在一旁压场，或许会因类似情况而玩不下去。

　　击鼓传花也常作为一种酒令。鼓声一停，游戏物落谁手里谁就要喝酒，这种活跃气氛的游戏在《红楼梦》中也有描述。

荡秋千·抖空竹

荡 秋 千

荡秋千堪称鼻祖级的游戏,到了南北朝,民间已开始流行荡秋千,这是一种很有诗意的游戏,李清照词《点绛唇》中有言:"蹴罢秋千,起来慵整纤纤手。露浓花瘦,薄汗轻衣透。"

古人相信荡秋千可驱百病,越荡越高,象征生活更美好,所以,男女老幼在清明踏青时节都爱荡秋千,舒展心情,平衡身心,祈愿吉祥。秋千也是浪漫的,春日荡秋千是青年男女相识相恋的好机会。

天津人将荡秋千俗称

母女荡秋千图(民国时期丝袜商标)

236

为"打悠鞭",分单人荡、双人荡,可以站着或坐着荡。站立荡秋千一般是在秋千荡到最低点时站起,然后慢慢下蹲,当秋千到达高点时再猛然站起,再慢慢蹲下,如此循环越荡越高。"无风一上秋千架,小妹身材比燕轻",特别是小女孩荡秋千时,衣衫纱裙随风飘动,摇曳多姿,颇有情致。荡秋千还有歌谣:"荡秋千,荡秋千,一荡荡过柳树梢,摘朵白云怀中抱,送给爷爷把背靠……"

抖 空 竹

早在明代,抖空竹已流行于民间。天津人俗称空竹为"风葫芦""闷葫芦",民国年间,春节前后的娘娘宫一带到

民国年间天津街头抖空竹玩"小鸡上架"动作的孩子

处是年货摊子,玩具摊上的刘海牌空竹和老寿星牌空竹名气最大,深受玩家欢迎。

空竹以竹、木制成,有单轴、双轴两种,做工精细,坚固耐玩。空竹的风匣四周刻有四五个乃至十数个细长的小孔,名曰"响",响数越多抖起来声音越洪亮。小孩子爱玩抖空竹,低龄孩子一般抖双轴的,难度较低。抖单轴的需要掌握好平衡和转速,技巧娴熟的玩家除了可使空竹发出或尖

清末民初卖空竹的摊子

238

脆或轰鸣的声响外，还能做出空中抛接甚至是"仙人过桥""猴子爬竿""小鸡上架""海底捞月""放捻捻转儿""苏秦背剑"等花样动作，令观者目不暇接，纷纷叫绝。美妙的空竹声是年的序曲，是新春快乐的乐章。

虎伏·走浪桥

虎伏也叫滚环,是一种运动器械、杂技项目,又是青少年的娱乐器材。万事万物总是在不断创新中发展,杂技也不例外。20世纪70年代,广东杂技界人士无意中发现飞行员体能训练所用的器械虎伏,是可以来回滚动的大铁环,一个人能将手足攀附其间。虎伏随之成为杂技道具,还以此创编了新节目,或融合在其他节目中,滚环由此走上舞台。

昔日,很多男孩子也爱玩虎伏。有的学校里有这种器械,是训练青少年灵敏性以及抵抗眩晕的辅助工具。学校操场上经常滚动着三四个虎伏,有的单人滚,有的两三个小孩同时在一个虎伏圈中,大家合力滚动,行进中还变换花样。民间,中年人也有玩虎伏的,能工巧匠还对虎伏加以改造,制作出大小不同的环、相互套装的环、梯形环、叠摞环等,形式多样。他们不断练习,可以玩脱手滚环、双人在

清末烟草广告上玩杂耍的孩子

行进中分环滚动、环中身体造型、梅花形旋转等各种花式滚环动作。滚环是一种游戏,更是一种强身健体的方式。

走 浪 桥

过去,大人、孩子常能发挥想象力,因地制宜创造出许多别有意趣的游戏、游艺,有些与民生民俗密切相关,或有"天人合一"的意思。比如,依河傍海的老天津人要在水面上讨生活,安稳行船走桥是必须的生存本领。有一种名叫走浪桥的游戏,大概与此有点关联。

走浪桥,也叫走晃(荡)木,适合年龄稍大的青少年玩。先以三五米为间距,设置两个"门"字状的架子,一定要牢固稳妥。再寻来适当长短粗细的圆木或方木,用粗绳或铁条将它挂在门字架上,那圆木好似小桥。孩子们轻轻跃上桥,身体与桥木一起摇摆起来,晃晃荡荡,难以站稳,更别说从这一端走到那一端了,不掉下来就算不错了。

孩子们身手灵便、体态轻盈,不多时间就能把握住重心,娴熟自如地在浪桥上如履平地,那晃劲儿也随之成了醉美之趣。或许会有淘气的专门在桥上或桥下存心晃悠,见谁掉下来,便是一阵坏笑。

套　圈

　　传统套圈游戏素来备受男女老少欢迎，最初，它只是自娱自乐的小游戏。几个孩子，哪怕是一个小孩，找一小块空地便可开玩。先画出一块相对独立的区域，在里面放几个旧瓶子之类的"目标"，瓶子间要有间隔。一般在目标区两三米远的地方画一条线，小孩在线后抛掷套圈。套圈常用竹条制作。每套住一个记一分，以得分多少论输赢。其实，套圈的玩法很多，这是比较初级的一种。

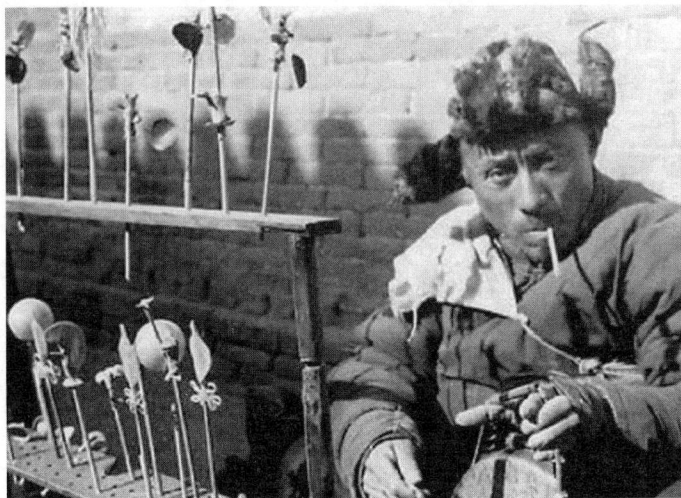

老年间卖玩具的小商贩

旧时的庙会、游乐会上也常见套圈的。设摊者摆上香烟、泥娃娃、水杯、小镜子、小玩具、糖果等,在几米开外拉上一条绳子,参与者必须按规矩掷圈。喜欢小玩意儿又好奇的儿童很多,先交钱买圈,拿到圈后,瞄准自己想要的东西将圈掷出去,如果套中即可得到该奖品。

　　古人有云,套圈,圈套也。《再生缘》第四回中描述:"长华小姐听人言,缈缈香魂上九天……轻轻一跺金莲足,说道是:'吾弟今朝落套圈。'"如今,街边偶见套圈游戏,那圈常有玄机,还是小心为妙。

捻捻转儿

捻捻转儿既传统又经典，若从陀螺一脉而论，可谓源远流长。小孩子没有不爱玩捻捻转儿的，一个捻捻转儿可以哄小孩子乐和上好半天。

捻捻转儿是陀螺性质的玩具，历史久远，唐代文学家元结在《恶圆》中记载："元子家有乳母，为圆转之器，以悦婴儿，婴儿喜之。母使为之聚孩孺，助婴儿之乐。"看来手旋陀螺确实是"聚孩孺"的好玩具。《武林旧事》中也记载了宋

清末天津的玩具摊

代儿童的千千车、轮盘等玩具。到了明代,玩捻捻转儿还成为宫中女子喜欢的玩具,俗称"妆域"。

新中国成立后,孩子们玩的捻捻转儿常为木质,上面画着花花绿绿的颜色,串胡同的杂货挑子、玩具担子多有售卖,价廉物美。几个小孩玩捻捻转儿有时要画出一定的界限,比谁的玩具在限定区域内转的时间长。

不花钱,家长也可以帮着孩子制作捻捻转儿,稍大的孩子动手能力强了也会自己鼓捣。比如,找一枚铜钱,再削一段下端尖、粗细合适的小木棍,将它插在铜钱方孔中,当作轴柄,一个简单的捻捻转儿就做成了。更高级的可以用正圆的厚木片或薄铁片来做。为了使其旋转起来更好看更绚丽,有人在圆木片、圆铁片上画些彩色的图案,或者贴上点花纸。

玩的时候要先找一处平整的地面或桌面。拇指和食指捏住捻捻转儿轴柄上端,用力一捻,猛一下松手,捻捻转儿就飞速旋转起来,炫彩飞驰,煞是好看。若是几个人一起玩,可以比一比谁的转的时间长,谁的不掉到桌面下。有时,看着自己的捻捻转儿滑向了桌角,生怕它落地,紧张的小孩子一边向里吹它,一边发出尖叫声。有的孩子攥紧小拳头也跟着较劲。后来,更多花花绿绿的塑料捻捻转儿出现在玩具摊上,一直是最廉价但颇受欢迎的小玩具之一。

不倒翁

　　"不倒翁"算得上古董级的玩具了。明代有《不倒翁》诗描述："乌纱玉带俨然官，此翁原来泥半团；忽然将你来打碎，通身上下无心肝。"清代史学家、文学家赵翼在《陔余丛考》中对不倒翁有较为详细的记载："儿童嬉戏有不倒翁，糊纸做醉汉状，虚其中而实其底，虽按捺旋转不倒也。"

　　老年间孩子们常玩的不倒翁以纸身泥底的居多。在民

20世纪六七十年代不倒翁的娃娃造型

间艺人的作坊里,不倒翁的身形多是用纸浆灌模的,也有用废纸粘糊而成的,然后再用泥土做成半圆形的底座,接下来,把身形和底座粘合好,在外面还要糊上一层干净的纸,并在表面画上寿星脸、娃娃脸等模样,色彩鲜艳,充满童趣。不倒翁也有用木头做底座的,底部中心另需加装小块铁或石子。

幼儿总能被不倒翁逗得笑嘻嘻,可爱的老爷爷为什么就摔不倒呢?孩子当然还不懂力学,但科学的奥秘也许就是这样潜移默化地对儿童产生了吸引力。

看洋片

拉洋片作为津沽市井中的旧行当,对老年读者来说并不陌生。天津城里城外逢不同时日的集市、庙会接二连三,家长好不容易带着孩子逛一回庙会,所以常常满足他们的要求,花钱让孩子坐在小凳子上津津有味地看一段洋片。

"往里面瞧来往里头看……"拉洋片的吆喝声,伴随着小鼓、小镲的响动,总能吸引小孩子们上前围观,即便是陈年老套的故事、画面也百看不厌,毕竟旧时代的娱乐资源相对匮乏。

老天津城隍庙庙会上也有拉洋片的(横向推拉的多格大幅连环画片),长方体大木箱上有 4 至 6 个镜孔,一次可以满足更多孩子的观看。什么三国故事、岳飞传,什么哪吒闹海、水浒传,其画面总会引得观者大呼小叫。

后来,学校门口、胡同口出现了可看立体画或影(像)匣子的小摊。立体画的小匣子上有两个孔,盒中左右装置着两张同一物体但角度稍变的画片,小孩子们拿起盒子,一看,豁然可见逼真的立体影像,真是越瞧越有趣味。所谓影匣子，是靠大小两个齿轮的传动来拉动画片的小箱子。儿童双目贴紧窥孔，手摇摇把，匣子中的画片转动，形成连续的动画效果，好似今天的卡通片一样。

庙会上拉洋片、看洋片的情景

弹大正琴

在老天津，有些商店的玩具柜台售卖一种儿童玩具——大正琴。大正琴源自日本,据说创制于 1912 年(日

画中女子面前所放之琴类似大正琴(民国时期布匹商标画)

本大正元年）。该琴构造简单，容易弹奏，传入中国后很受欢迎，被俗称为大众琴、和平琴、娱乐琴、中山琴、胜利琴等。旧天津北马路北海楼商场中就曾有一个卖大正琴的商贩，他边弹拨边唱《小秃卖豆腐》歌，以招揽顾客："小秃、小秃卖豆腐，卖得不够本儿，到家打媳妇儿。媳妇儿说，不怨我，怨你给得多……"

关于大正琴的弹法，可以用右手戴着义甲（弹拨乐器所用的一种工具，装于指端）来拨弦，也可用硬质塑料片（三角形，磨圆角）拨弦，左手按下不同的键盘钮，发出美妙的声音。大正琴音色清脆明亮，悦耳动听。小孩子学会简单技法，在小桌前、炕头上，他们操弄着小琴，似懂非懂，哼哼唱唱，快乐非常。

20世纪40年代的女学生

后　记

　　谢谢诸君阅读这本书，想说的话大多写在了前面,在这里还特别要向本书的责任编辑韩玉霞老师表示深深的敬意。

　　面对二百余个老游戏篇目，怎样合理统筹架构，如何更便于"悦读"，我曾陷入苦思冥想之中,甚至钻进瓶颈,难得良策。为此,玉霞老师数次与我促膝商谈,以她资深的编辑经验,高屋建瓴地提出许多建设性意见。我们一边回味着老游戏,一边在纸页上勾勾画画,反反复复十几个来回,终于拿出了比较理想的整合方案。在撰写前言的时候,玉霞老师也将她对老游戏的各种感悟与我分享，令我受益。从每段的"前言后语"，到配图中的细节,玉霞老师无不精益求精,甚至有点苛刻,无形中给了我很大压力。面对她的真诚与敬业,作为作者,我只有加倍用心,力争让书稿以完美的面貌呈献给读者。

　　人是有感情的动物。小时候,因为玩游戏而负伤、闯祸、被请家长等事时有发生，实在没少给妈妈添事惹麻烦，即便如此，妈妈也从未勒令我停止玩耍，现在想来，母爱给予我的自由空间多大啊！在挖掘、编撰老游戏的这些年里，眼前时常浮现出妈妈给我买玩具、带我玩游戏，以及为我带孩子老少同乐的生活画面……妈妈远去了，一切过往的美好化作了追忆，更显得弥足珍贵。

2015年8月中旬是约定的交稿时间，然天有不测风云，8月4日清晨，耄耋之年的父亲突发脑梗，经抢救保住了生命，但病情依然危重。我的生活节奏一下子打乱了，次日，我临时脱身，将刚刚完成的书稿火速送到出版社，生怕接下来的不确定因素影响出版进度。小时候，父亲支援西部建设，只有春节才能回家探亲，无一例外，每逢他回来，我总要在他背上玩上几次骑大马！他也用从新疆带回的甜杏杏核给我做小哨子玩。如今，祈望天降奇迹，能让父亲康复，让他看看我写在书中的他曾陪我玩过的那些老游戏。

又啰唆了这些。唯愿朋友们都好好的，常念老游戏，常玩老游戏，让童心永驻，快乐幸福。

由国庆

2016 年 10 月 1 日